Bulli-Tour
mit Kind
und Kegel

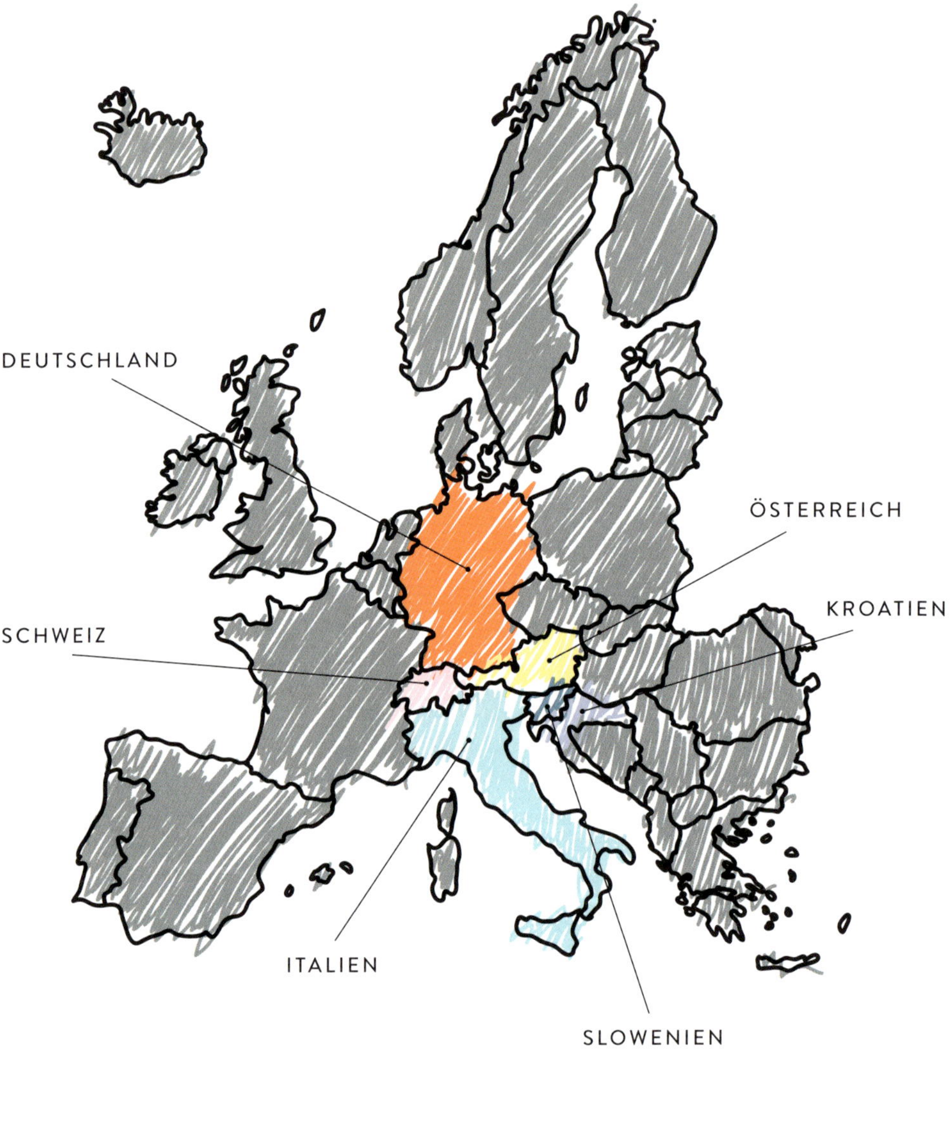

DEUTSCHLAND

ÖSTERREICH

KROATIEN

SCHWEIZ

ITALIEN

SLOWENIEN

CARINA LINNEMANN

Bulli-Tour
mit Kind
und Kegel

KNESEBECK

INHALT

VIER AUF TOUR

Das sind wir vier.
Emil, Papa Michel, Mama Carina und Tito (v. l.):
Happy in *Burano.*

Burano war eine unserer „Entdeckungen" während der Tour durch Italien. Klein und kunterbunt. Nur ein paar Bootsminuten von Venedig entfernt, gilt sie als die bunteste Insel der Welt. Auch mit zwei kleinen Kindern kann man das fröhliche Städtchen entspannt erkunden, Boote angucken, gut essen und überall hübsche Fotos machen.

„Hello!"

Willkommen zu einem kleinen Ausflug in die Ferne, zu unserer Geschichte rund um ein paar Wochen Elternzeit mit zwei Kindern. Wir berichten, wie wir unsere „freie" Zeit nutzten. Wer es ganz eilig hat, kann nach hinten zur Quintessenz blättern (ab Seite 207), wir haben Nachsicht. Uns bringen jedoch solche Ratschläge am meisten, bei denen wir auch die Erfahrungen kennen, die dahinterstecken.

Also, auf geht's: Es muss nicht weit sein. Europa reicht. Hauptsache nur ihr und das Kind – und die Kegel.

Wir, das sind mein Mann Michel, unsere Söhne Emil und Tito und ich. Wir leben in Düsseldorf, haben hier Design studiert und sind geblieben. Jeder von uns hat schon oft mit dem Gedanken gespielt, woanders zu leben. Städte wie Berlin oder Hamburg, aber auch NYC standen schon ganz oben auf der Liste. Im Studium haben wir diese Orte zum Leben und Arbeiten ausprobiert, aber das Rheinland ist einfach unsere Heimat.

Mit Emil waren wir in der Elternzeit zwei Monate in den USA. Wir mieteten uns einen riesigen Camper, mit dem wir ganz Kalifornien durchkreuzten.

Vor dieser Zeit hatten wir mit Camping oder gar Zelten nur wenig am

Hut. Ab und an ein Festival. Doch die Reise in die USA hat uns auf den Geschmack gebracht. Immer in der Natur zu sein, am Lagerfeuer zu sitzen, überall Familien und somit Spielpartner für Emil – das war uns „Eltern-Luxus" genug.

Die zweite Campingreise führte uns im Juni 2016 nach England. Vom Campingfieber gepackt, mieteten wir uns für mehrere Wochen einen roten VW-Bulli, einen T2 von 1972, mit dem wir zu dritt ganz Cornwall in Südengland durchquert haben.

Bevor Tito im Juni 2017 geboren wurde, entschieden wir uns für den eigenen Bulli. Ohne Budget, aber nach langer Recherche fiel unsere Wahl auf einen einfachen VW-Transporter (T4), den wir in Eigenregie über Monate hinweg ausgebaut haben. Wir tauften ihn „Edda"; sie wurde zum Mitglied unserer Familie und sollte uns in der kommenden Elternzeit im Mai 2018 durch einige europäische Länder kutschieren.

In diesem Buch könnt ihr uns bei diesem Abenteuer mit Höhen und Tiefen begleiten, viele Tipps und Tricks erfahren sowie von unserem Know-how profitieren.

Viel Freude damit und gute Reise!

... Wir vier haben uns schon auf der vorigen Seite vorgestellt. Und dann gibt es natürlich noch Edda, unseren Bulli, fester Bestandteil der Familie seit 2017. Wie wir den VW-Transporter von 1999 gekauft und selbst ausgebaut haben, erfahrt ihr ab Seite 145. Aber bevor wir auf Tour gehen, sollt ihr natürlich wissen, wer uns da durch die Welt geschunkelt hat. Ihre Traummaße lauten statt 90-60-90: 5100-1840-2430. Mit knapp fünf Metern Länge gehört unser Modell zu den Ausführungen mit langem Radstand . Und das feste Hochdach führt zu der Höhe von erstaunlichen knapp zweieinhalb Metern. Zusätzliche Fläche und Stauraum können wir mit zwei Kindern gut gebrauchen. Lange hatten wir zwischen festem Hochdach oder einem Faltdach geschwankt, also einem Dach zum Aufstellen. Das würde den Bulli kleiner und somit „handlicher" machen. Außerdem fanden wir einen Bulli ohne festes Hochdach viel ästhetischer. Aber es kam anders. Und das ist gut so. Ich habe mal gehört, dass man ein festes Hochdach niemals bereut – andersherum ist das wohl durchaus der Fall. Und so ist es. So viel Stauraum auch schon während der Fahrt zu haben und im Bulli immer stehen zu können, das ist manchmal kriegsentscheidend! Da schimmelt nichts, da zieht nichts, außerdem ist das Dach – anders als bei einem Aufstelldach, das aus einer Art Zeltstoff ist – wunderbar isoliert!

Um mit Edda, die zuvor als Transporter mit nur drei Sitzen in der Fahrerkabine und einer einfachen Ladefläche ausgestattet daherkam, auch zwei kleine Kinder sicher transportieren zu können, haben wir hinten eine feste Zweier-Sitzbank nachgerüstet. Im Dach haben wir ein Bett eingebaut und hinter die Sitzbank eine Campingbox installiert, mit Küchenausstattung. Außerdem bauten wir ein Bett ein, das sich zum Schlafen bis knapp hinter die Sitzbank ausklappen lässt. Ein paar Schränke dazu, so wurde Edda zu unserem „mobilen Heim". Später im Buch erfahrt ihr noch mehr zum Kauf und Ausbau im Detail, aber jetzt geht es erst einmal los!

Der ***VOLKSWAGEN-BULLI*** T4 ist 1992 von Fachjournalisten zum Van of the Year gewählt worden. Während die Modelle T2 und T3 noch mit dem Heckmotor ausgestattet waren, wurde der T4 erstmals mit Frontantrieb gebaut. Die Modelle aus der T4-Reihe gelten bis heute als sehr robust und langlebig. Übrigens: Woher das Wort „Bulli" kommt, ist nicht ganz klar. Entweder steht es für die Kombination aus „BUs" und „Lieferwagen", oder aber für das typisch bullige Erscheinungsbild der ersten Modelle.

EDDA

Das ist Edda, unser Bulli.
Familienmitglied seit 2017,
selbst ausgebaut und bereits
20 000 km mit uns gereist.

Kilometer 0

mit Kind und Kegel

VORBEREITUNGEN

... mit Höhen und Tiefen

Wie man es besser macht

WÄSCHEBERGE

... und das schon vor der Reise. Zu
viert muss man zweimal überlegen,
was man einpackt. Denn der Platz
im Bulli ist begrenzt.

Vorbereitungen

Als Erstes können wir euch diesen **Tipp** geben: Fangt früh genug mit der Planung eurer Route an und dann mit der Recherche nach schönen und passenden Campingplätzen.

Wir waren knapp dran. Durch Baby, Jobs und generell wenig Freizeit haben wir die Planung etwas schleifen lassen und uns erst einen Monat vor Abreise intensiv mit unserer Route auseinandergesetzt. Wohin sollte es überhaupt gehen? Was würde in knapp fünf Wochen machbar sein? Wie lange dürfen die einzelnen Fahrtstrecken sein? Wo ist das Wetter im April und Mai schon gut? Oder eben so gut, dass man auch nachts ohne Heizung mit zwei kleinen Kindern im Bulli übernachten kann?

SPONTAN SEIN – DAS IST DAS SCHÖNE AM CAMPEN

Aber wir hatten Glück. Wir waren uns schnell einig, dass es aufgrund der Jahreszeit möglichst südlich gehen musste und dass wir maximal drei bis vier Stunden am Stück fahren könnten. Eventuell auch mal einen Abend lang oder eine Nacht durch. Somit schieden attraktive Campingziele wie Schweden und Norwegen aus, auch

Portugal war zu weit, Frankreich zu groß zum Durchqueren. Wir entschieden uns daher ganz klassisch für eine Route durch Deutschland. Dann sollte es über die Schweizer Alpen nach Italien gehen, Richtung Slowenien und schließlich über Österreich zurück nach Deutschland. Das spontan noch Kroatien mit zu dieser Route gehören sollte, wussten wir damals nicht. Eigentlich war uns das zu weit weg. Daher auch hier ein weiterer **Tipp**: Seid mutig, seid spontan, das ist das Schöne am Campen und den Touren mit Bulli. Eigentlich kann man überall und nirgends halten, man bleibt, wenn es einem gefällt und fährt weiter, wenn es nicht schön ist. Alles ist möglich, nichts muss.

Da wir persönlich eher kleine, naturbelassene und familiäre Campingplätze mögen, beschlich uns beim Planen das Gefühl, dass wir alle Übernachtungen vorbuchen müssten. Wir hatten einfach Angst, dass wir abends mit zwei hungrigen Kleinkindern an einem überfüllten Platz ankommen würden. Wir haben also unsere Abende mit Recherchieren und Reservieren verbracht, bis alle Plätze entlang unserer Route fest gebucht und bestätigt waren.

ABER NEIN! Reservieren muss man nicht. Vor allem nicht im April und Mai, wo die Saison gerade erst beginnt. **Tipp:** Entspannt euch. Es gibt immer einen Platz, vor allem für einen „kleinen" Bulli. Plant eure Route locker. Natürlich sollte man sich schon vorab Plätze ausgucken, auch eine alternative Option in der Nähe ist nicht verkehrt.

ES GIBT IMMER EINEN PLATZ

Aber ihr braucht nicht zu reservieren. So seid ihr auf eurer Tour viel flexibler und könnt länger dort bleiben, wo es euch gut gefällt (mehr dazu ab Seite 157). Und ihr könnt auch einen nicht so schönen Campingplatz schnell hinter euch lassen. Wir haben uns im Nachhinein über viele Reservierungen geärgert: am gebuchten Tag am richtigen Ort ankommen zu müssen, ist Stress. Bei Regen will man unbedingt weiter. Oder aber es war so schön, dass wir länger bleiben wollten.

Fazit: Ab der Hälfte unserer Tour haben wir auf alle Reservierungen gepfiffen. Haben dadurch bereits geleistete Anzahlungen verloren, aber Freiheit gewonnen. Irgendwo gibt es immer ein hübsches Plätzchen, man muss nur zuversichtlich bleiben.

Zu den Vorbereitungen gehören natürlich auch die Tage kurz vor der Reise. An denen eingekauft, gepackt und organisiert werden muss. Was nehmen wir mit, was nicht? Was müs-

LINKS & BUCHTIPPS

Wo haben wir unsere Route geplant?
Welche Bücher haben uns geholfen?

GOOGLE ist uns immer eine Hilfe gewesen. Ob bei der klassischen Routenplanung oder aber auch auf der Tour selbst. Mit der App „Google Maps" haben wir immer alles gefunden und sie diente uns auf der gesamten Reise als Navigation.

Unter dem Titel *COOL CAMPING* sind mehrere Bücher im Berliner Verlag Haffmans & Tolkemitt erschienen. Ihr Motto: „Camping ist nicht mehr spießig". Alle Tipps, Campingplätze und Routen in diesen Führern sind tatsächlich cool und innovativ. Für jeden ist etwas dabei. Unsere Lieblingsbücher zum Thema Camping!

AUGEN ZU UND DURCH

Michel verzweifelt bei der Menge
an Gepäck, die mit – und vor allem
irgendwo verstaut werden – muss.

VIEL HILFT VIEL

... stimmt definitiv nicht. Viel zu
viel gepackt und gleich beim ersten
Stopp bereut – das ganze Zeug muss
ja auch verräumt werden.

sen wir noch besorgen? Brauchen die
Kinder eigentlich Pässe? Wie sieht es
mit der Reiseapotheke aus? Nehmen
wir Gläschen mit oder kochen wir
selbst? Windeln? Pampers! Gibt es in
jedem Land gute? (JA, gibt es!) Was
ist mit Fahrrädern? Brauchen wir auch
warme Sachen? In welchem Land
herrschen welche Temperaturen? Wie
werden die Nächte sein?

Arghhhh, übermorgen geht es schon
los! Wer gießt über fünf Wochen lang
die Blumen? Wer leert den Postkas-
ten? Brauchen wir unterwegs einen
Laptop? Brauchen wir richtige Gläser
für Wein?

Fragen über Fragen und zwischendrin
zwei quengelige Kinder, die natürlich
merken, „dass was im Busch ist". Wer
kennt sie nicht, die stressigen Tage,
Stunden und Momente vor der Abfahrt oder dem Abflug in den Urlaub.

Mit Kindern noch viel stressiger und
wenn dann noch die Nächte miserabel sind: Jackpot.

Tipp: Ruhe bewahren! Der wichtigs-
te Satz, den wir uns vorher immer
wieder sagten: Man kann meistens
überall alles kaufen! Was nicht (legal)
erhältlich ist, sind Pässe, Führerschein
und Geldkarten. Wenn diese wirklich wichtigen Dinge also eingepackt
sind, ist schon ein großer Schritt beim
Packen getan.

ALLES KAUFEN?

Ich bin mal ganz ehrlich: Ganz naiv haben wir 20 Breigläschen eingepackt,
drei Packungen Milchpulver sowie Ba-
byflaschen, vier Schnuller, Instantbrei,
Fruchtriegel, Kekse, Nudeln, H-Milch,
Wasser, Bier, Wein, Taschentücher,
Feuchttücher, Klopapier, Küchenrolle, Sonnencreme, Mückenspray und

-kerzen, Tampons, Hygieneartikel wie Zahnbürsten & Co., mehrere Handtücher, Spielzeug, Laufrad, Buggy, Kinderstuhl, Schlafsäcke, feste Schuhe und Sandalen für alle, Klamotten für Sommer und Herbst, ein Vorzelt für den Bulli, Tisch, Stühle und gefühlt 100 Decken und so weiter und so weiter. Und was haben wir gebraucht? NICHT MAL DIE HÄLFTE!

Völlig im Wahn haben wir den ganzen Bulli von unten bis oben vollgestopft. So, dass gerade noch die Kinder hinten Platz hatten. Das Einzige, worauf wir verzichtet haben, waren die Fahrräder, und genau das haben wir bereut. **Tipp:** Mit dem Rad ab und an mal autark sein zu können, ist

Gold wert. Und wenn es nur darum geht, morgens ein paar Brötchen vom Bäcker zu holen oder an den Strand zu düsen, der eben nicht immer nur 5 Minuten fußläufig entfernt liegt. Und auch die sanitären Anlagen sind auf manchen Campingplätzen nicht unbedingt um die Ecke. Allerdings verhindert ein voller Heckklappenfahrradträger auch das „eben-mal-kurze" Öffnen von hinten; da sind noch zwei helfende Hände und rasches Kramen angesagt.

Langer Rede kurzer Sinn: Wir haben viel zu viel eingepackt. Und mussten bei jeder Übernachtung zunächst auch viel wieder auspacken ... sowie bei Abfahrt auch wieder einräumen!

TIPPS & TRICKS

Was packt man besser doch ein?
Worauf sollte man nicht verzichten?

EIN PACKZELT ist unser Tipp für alle, die mit Kind(ern) reisen und campen. Wir haben uns die Idee mal auf einem Campingplatz von anderen abgeschaut und haben es die ganze Tour lang gefeiert: Unser günstiges Pop-up-Zelt für allerhand Krempel. Kurz nach Ankunft aufgebaut und direkt mit allem aus dem Bulli gefüllt, was erst einmal nur im Weg war (Buggy, Babytrage, Klamotten, Schuhe, Laufrad ...). Somit sind die Sachen auch vor Regen geschützt, liegen nicht unordentlich herum oder belegen den nötigen Freiraum im Bulli.

FAHRRÄDER – und wenn es nur ein „Brötchenfahrrad" ist. Wenn ihr einen Fahrradträger für euren Bulli habt: Nehmt alle mit! Manchmal kann man sich auch welche leihen, aber eben nicht überall – und nur selten mit Kindersitz oder in Kindergröße.

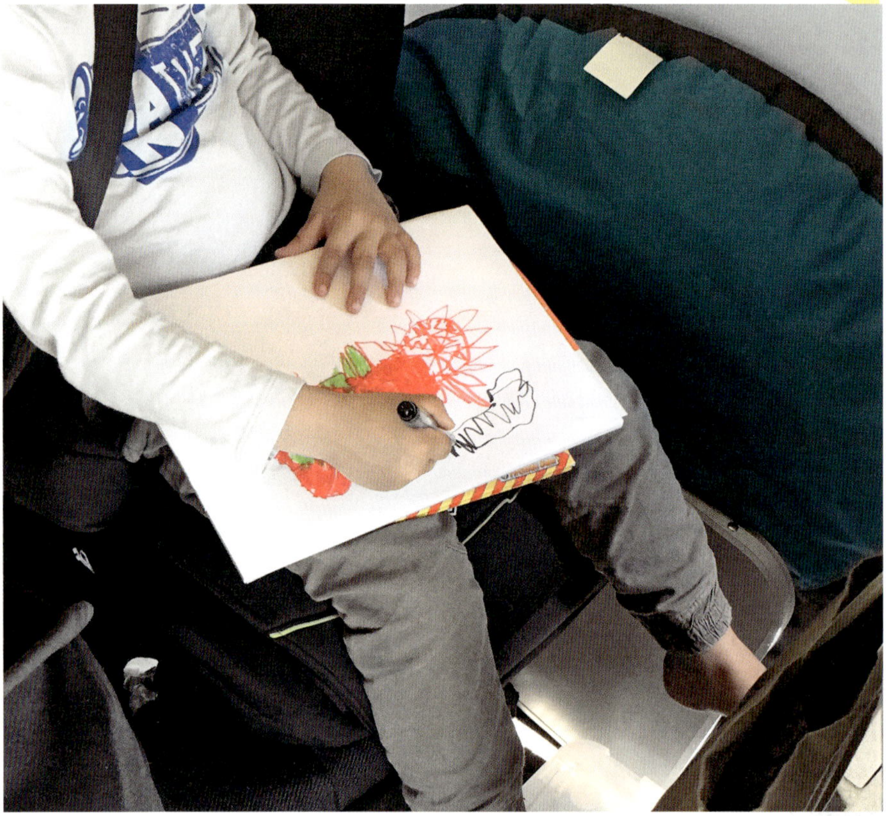

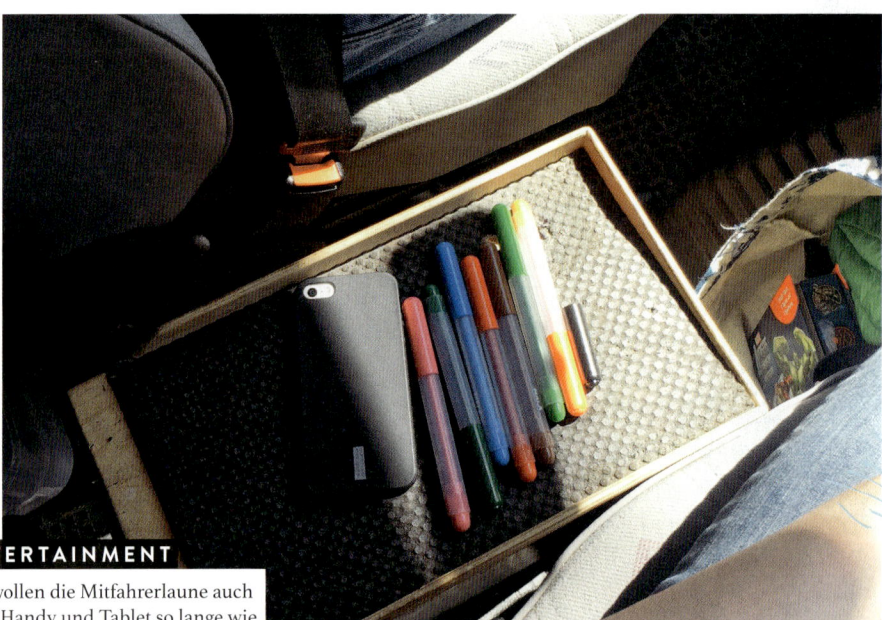

ENTERTAINMENT

Wir wollen die Mitfahrerlaune auch ohne Handy und Tablet so lange wie möglich erhalten: Malzeug, Bücher, Zeitschriften sowie Spielzeug!

GUTE LAUNE
Die „Beschäftigungstherapie" auf langen Fahrten kann nervenaufreibend sein. Wer am Bulli-Steuer sitzt, ist meistens fein raus.

DÜSSELDORF – SCHWARZWALD

Es lebe die Standheizung!

Es lebe die Standheizung!

Nachdem endlich alles verstaut war und wir tatsächlich losfahren konnten, waren wir bereits einen Tag zu spät dran. Zum Glück hatten wir den ersten Platz im Schwarzwald gar nicht reservieren können. Laut Campingplatzbesitzer war keine Saison; wir sollten einfach vorbeikommen. Wie gut, so konnten wir entspannt (oder nahezu entspannt) einen Tag später losfahren.

DEN MITTAGSSCHLAF DES KLEINEN AUSNUTZEN

Wir wollten den Mittagsschlaf des Kleinen ausnutzen und sind somit nach einem späten und dürftigen Müsli-Frühstück gestartet. Schnell noch zur Tankstelle, dem Großen eine Zeitschrift gekauft und zwei Minuten später waren wir endlich auf der Autobahn. Die Fahrt sollte laut Navi vier Stunden und 10 Minuten dauern. Nicht bedacht haben wir dabei, dass unser Bulli höchstens 120 km/h schafft und wir bei jeder Anhöhe eher den Windschatten eines LKWs nutzen würden, als das Gaspedal durchzutreten.

Wir kamen also nach über fünf Stunden in Enzklösterle im Schwarzwald an, hatten uns aber auch fast 20 Minuten Pause zwischendurch gegönnt. Immerhin! Kein schlechter Start für unsere Familie, in der drei ja schon die Toilette benutzen.

Der Campingplatz Müllerwiese ist eine Empfehlung in unserer Campingliteratur und wir sollten nicht enttäuscht werden. Idyllisch und wunderschön an einem plätschernden Fluss gelegen, sollten wir hier die erste Nacht unserer Tour verbringen.

Uns wurde ein Platz direkt am Bach zugewiesen und da es schon relativ spät war, packten wir nur die wichtigsten Sachen aus, machten den Bulli ganz fix „schlaffertig", um dann den zum Platz gehörigen Spielplatz zu erkunden. Ist eben so mit Kindern. Ohne hätten wir uns wahrscheinlich erst einmal gemütlich vor den Bulli gesetzt und uns ein Glas Wein gegönnt. Tja. So vertrödelten wir die Zeit bis zum Abendessen auf dem Spielplatz, lernten dafür aber direkt eine nette Familie kennen, die ebenfalls mit zwei Kindern und Zelt unterwegs war. Einer der Vorteile am Campen: Man hat sofort Familienkontakt und die Kinder schließen meist schnell Freundschaften.

Unser erstes Abendessen der Tour sollte etwas ganz Besonderes werden. Pasta mit Tomatensauce. Nicht zu verachten, denn alle können mitessen – sogar der Kleine.

Michel und ich wollten dann endlich unseren ersten wohlverdienten Wein

ANKUNFT

Nach über fünf Stunden endlich im Schwarzwald angekommen. Der sonnige Nachmittag verrät noch nichts von der Nachtkälte …

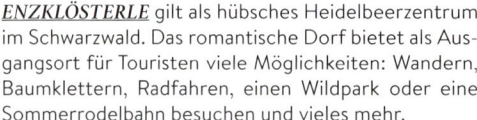

ENZKLÖSTERLE gilt als hübsches Heidelbeerzentrum im Schwarzwald. Das romantische Dorf bietet als Ausgangsort für Touristen viele Möglichkeiten: Wandern, Baumklettern, Radfahren, einen Wildpark oder eine Sommerrodelbahn besuchen und vieles mehr.

HALLO IDYLLE

Ob am Fluss liegen und entspannen (was der Große schon beherrscht), den Kaffee in der Sonne genießen oder ... – Entspannung allerorten.

NATUR PUR

Tief durchatmen und die erste
lange Etappe hinter sich lassen:
dazu ein blauer Himmel, so weit das
Auge reicht.

der Reise genießen, also planten wir, beide Kinder schnell ins Bett zu kriegen. Dazu mussten im Dunkeln aber erst einmal alle Zahnbürsten, Schlafanzüge, Schlafsäcke und Kuscheltiere gefunden werden. Kein einfaches Unterfangen mit zwei müden Kindern und zwei genervten Eltern. Dazu wurde es wider Erwarten plötzlich sehr frisch. So verbrachten wir unsere erste Nacht im Bulli mit Wollsocken, Schal und laufender Standheizung. Nichts mit Weinglas in der Hand vor dem Bulli sitzen.

GEGEN 21:00 UHR BEI EISESKÄLTE IM BETT

In diesem Moment habe ich mich das erste Mal nach einer Ferienwohnung oder einem Hotel gesehnt, wo man es sich nun auf der Couch gemütlich machen könnte. Stattdessen lagen wir alle gegen 21:00 Uhr bei gefühlter Eiseskälte und laut blasender Standheizung im Bulli. Im Bett. Oder sagen wir eher auf unserem Schlaflager, bestehend aus einer nur 1,30 Meter breiten Matratze mit einem vor uns gelagerten Baby, dazwischen ein Stillkissen. Sehr romantisch. Der Große

im Hochdach, allein. Zum Glück schliefen beide Jungs fast durch. Ein guter Schnitt für die erste Nacht, wäre die Kälte nicht gewesen.

AUF DEM SPIELPLATZ DEN TAG BEGINNEN

Morgens natürlich früh mit den Jungs wach. Das Gras war noch feucht, die Luft nebelig. Dazu ein Baby, das nur Krabbeln konnte und unbedingt durch das taufeuchte Gras kriechen wollte. So gingen wir kurzerhand alle zusammen erst einmal zum Bäcker! Bäcker und Metzger liegen vom Campingplatz zum Glück fußläufig entfernt und somit waren wir die Ersten, die gegen 8:00 Uhr bereits fertig gefrühstückt auf dem Spielplatz den Tag eingeläutet haben.

Da unser erstes Ziel im Schwarzwald nur als Zwischenstopp gedacht war, haben wir dann gegen frühen Mittag nach einem kleinen Spaziergang und einem Sonnenbad unseren ganzen Krempel wieder zusammengepackt und uns zu unserem nächsten Ziel aufgemacht: Oberteuringen am Bodensee.

Der Campingplatz *MÜLLERWIESE* ist ideal für Familien, liegt idyllisch und ruhig an der Großen Enz und bietet alles, was man als Familie benötigt. Sogar einen weitläufigen Spielplatz gibt es sowie Bäcker, Metzger und einen Tante-Emma-Laden in fußläufiger Entfernung: **www.muellerwiese.de**

Die Tour
mit Kind und Kegel

SCHWARZWALD – BODENSEE

Entspannung, die erste

Entspannung die erste

Unser nächstes Ziel, der Ferienhof Kramer in Oberteuringen, lag nur knapp 200 Kilometer und somit zweieinhalb Stunden vom Schwarzwaldstopp entfernt: am Bodensee. Wir waren also guter Dinge und fuhren wieder gegen Mittag los, nutzten den Mittagsschlaf des Kleinen für eine entspannte Fahrt und sind dank Malbeschäftigung für den Großen nach fast drei Stunden und ohne Pause am Ziel angekommen.

Das Dorf Oberteuringen entpuppte sich als Idylle, wunderschön inmitten von Obstplantagen gelegen und für einen Ausflug perfekt an der Rotach. Diese schlängelt sich als Zufluss des Bodensees durch das ganze Dorf und bietet tolle Spielmöglichkeiten für die Kinder. Aber dazu später mehr.

Schon als wir auf den Hof fuhren und die Sonne schien, fühlten wir uns sofort willkommen. Man fährt zunächst über das komplette Gehöft, welches aus hübschen rot und weiß angestrichenen Häusern und Scheunen besteht. Erinnerungen an Bullerbü und Schweden kommen auf – und das am Bodensee! Dann hält man kurz an der Rezeption, meldet sich an, um dann weiter auf den weitläufigen Campingplatz zu fahren. Dort war es relativ leer. So konnten wir uns einen Platz aussuchen und stellten uns direkt in Blickrichtung Spielplatz, mit Ausblick auf die Eselwiese und in fußläufigem Abstand zu den Sanitäranlagen.

VOLL MIT ÜBERRASCHUNGEN

Wir hatten uns ja schon vor unserer Tour über die jeweiligen Plätze informiert und sollten dennoch überrascht werden – und zwar positiv!

Nun hieß es: Auspacken! Das obligatorische Packzelt wurde aufgestellt, wir räumten unsere Sachen (gefühlt 1000 Einzelteile) aus, bauten Tisch und Stühle auf, um so schnell wie möglich die Umgebung erkunden zu können. Es war Nachmittag und zu unserer Überraschung viel wärmer

WIE BULLERBÜ AM BODENSEE

Der Hof der Familie Kramer erinnert an Schweden – oder einfach an Familie und Vergnügen. Hier fühlt man sich gleich willkommen!

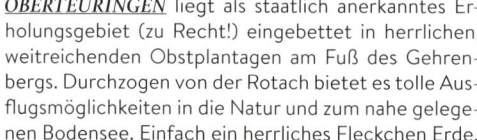

OBERTEURINGEN liegt als staatlich anerkanntes Er-
holungsgebiet (zu Recht!) eingebettet in herrlichen,
weitreichenden Obstplantagen am Fuß des Gehren-
bergs. Durchzogen von der Rotach bietet es tolle Aus-
flugsmöglichkeiten in die Natur und zum nahe gelegenen Bodensee. Einfach ein herrliches Fleckchen Erde.

OASE IM GRÜNEN

Alles, was man sich als Familie wünschen kann. Vor allem: Platz, Platz und … Platz. Dazu Spiel- und Wasserspaß für die Kinder.

als im Schwarzwald. Die Familien tummelten sich alle am Schwimmteich, und den wollten wir auch unbedingt testen. Mit Sack und Pack ging es also für uns erst einmal zum Wasser.

ALLES, WAS DAS HERZ BEGEHRT

Und da sollten wir nicht enttäuscht werden. Der Naturteichpool mit einem extra flachen Bereich für die Kinder war unglaublich und riesig. Auf etwa 900 eingezäunten Quadratmetern kann man sich hier einen Platz auf der Liegewiese suchen, um dann die 400 Quadratmeter zum Schwimmen, Planschen und Erfrischen zu genießen. Dabei ist alles sehr geschmackvoll und natürlich mit viel Holz und Pflanzen angelegt worden. Sogar Frösche haben wir gesichtet. Eine kleine Oase!

Was macht einen guten Campingplatz für Familien aus? Wir zählen einfach mal auf: eine Wiese mit Esel, Hängematten für die Erwachsenen, Spielplatz und Sandkästen für die Kleinen. Fußballtore und Beachvolleyballplatz für die Größeren, ergänzend eine Bocciabahn, ein Kletterturm und eine Tischtennisplatte. Nicht zu vergessen die riesige Spielscheune und die vielen Tiere des Hofes, die man besuchen und auch streicheln darf. Es gibt mehrere Grillplätze, einen Kräutergarten und einfach viel Platz zum Verweilen und Spielen. Hier bleiben wirklich keine Wünsche offen und auch bei schlechtem Wetter fühlt man sich nicht verloren.

Zum Glück hatten wir die drei Tage nicht eine Wolke am Himmel und

konnten so alle Möglichkeiten komplett ausschöpfen. Bis hin zu einem wundervoll vom Hof organisierten Stockbrotbacken und Grillen am Lagerfeuer.

Emil hat sehr schnell einen Freund gefunden, mit dem er den ganzen Tag gespielt hat. Das ist das Schöne am Campen: Kinder finden schneller Freunde, als man gucken kann. Und weg war er …

Die Familie war so nett, dass wir spontan einen gemeinsamen Ausflug entlang der Rotach unternommen haben. Im Rotachpark bietet ein Zugang zum Fluss und eine Insel viel Platz zum Spielen und Entdecken in wunderschöner Natur. Spontan wurden Angeln gebastelt, mit Erde und Steinen gekocht, während die Eltern sich unterhalten haben. Auf dem Weg zurück beim Supermarkt schnell ein paar Würstchen, Wein und Brot gekauft: Am Abend haben wir gemeinsam gegrillt. Der perfekte Ausklang!

UND WEG WAR ER …

Morgens gibt es übrigens auf vielen Campingplätzen einen Brötchenservice. Das funktioniert so: Bis abends zu einer bestimmten Uhrzeit können die Brötchen, Croissants und Brezeln vorbestellt werden. Am folgenden Morgen muss noch ausgeknobelt werden, wer sie abholen muss – meistens an der Rezeption, gegen Barzahlung. Emil war auf unserer Reise schon so selbstständig, dass er es nicht erwarten konnte, morgens allein zur Rezeption zu laufen, um mit einer großen Tüte voll mit leckerem Gebäck wieder zurückzukommen.

DAS GLÜCK DER ERDE…

… liegt am Bodensee. Die Kinder
entdecken die Natur und lassen sich
einfach treiben. Das ist Urlaub!

TIEF EINATMEN

Gut durchdacht: Es gibt viel Platz
zum Toben, Entdecken und Spielen,
aber auch idyllische Rückzugsorte
zum Entspannen.

MACHEN LASSEN

Draußen matscht es sich ganz
ungeniert: entspannte Eltern,
entspannte Kinder.

TIPPS & TRICKS

Ohne Strom nix los?
Man muss nur wissen wie.

KEIN STROM – KEIN SPASS? Als wir unseren Bulli ausgebaut und aus Platzgründen bewusst auf eine fest installierte Küchenzeile verzichtet haben, kam mehrmals die Frage auf, ob wir nicht doch Solarpanels verbauen und uns eine Leitung oder Steckdose legen müssten. Wie sollten wir ohne Strom Handys und mobile Musikbox aufladen? Wie Wasserkocher und Kühlbox nutzen? Am Ende entschieden wir uns dagegen und haben es selten bereut. Natürlich gibt es die Abende, an denen man sich ein ordentlich gekühltes Bier wünscht oder aber morgens zum Frühstück Käse und Wurst. Aber es geht auch gut ohne. Heißes Wasser bekommt man meist an den Spülbecken, eine Powerbank versorgt Handy, Musikbox und Kamera. Und während der Fahrt kann man prima den Zigarettenanzünder des Bullis nutzen. Für den Fall der Fälle, dass man sich doch einen Platz mit Strom gönnt (diejenigen ohne sind meistens die schöneren!), reicht eine Kabeltrommel, an die man alles anschließen kann. Zum Kochen haben wir natürlich immer Gas in Kartuschen dabei, die man an unseren mobilen, zweiflammigen Gasherd anschließen kann. Das war uns bisher immer Luxus genug. Aber das muss jeder für sich entscheiden.

Da wir ohne fließend Wasser und Strom unterwegs waren, planten wir dementsprechend unser Frühstück. Wir mussten ohne Frischmilch, Butter und anderes auskommen, was gekühlt werden musste. Zwar war eine Kühlbox an Bord, die konnte jedoch nur dann laufen, wenn wir auch Zugang zu Strom hatten. Das war leider nicht immer der Fall. Zum Glück konnte man auf dem Hof Kramer einen Kühlschrank mitnutzen. Es geht doch nichts über Butter zum Frühstück!

HAUPTSACHE KAFFEE

Hatten wir keinen Strom, mussten H-Milch und Müsli herhalten oder die Brötchen gab es dann eben „nur" mit Marmelade und Honig. Dazu frisch gekochter Espresso: Der Tag fing gut an.

Mittlerweile waren wir den vierten Tag unterwegs. Noch längst hatten wir uns nicht eingespielt, aber bereits einige Tricks auf Lager. Zum Beispiel trank Tito immer zum Mittagsschlaf

und abends eine Flasche Milch. Aber wie sollte man die vorbereiten, ohne Strom für den Wasserkocher? Wir waren dazu übergegangen, entweder die Steckdosen der Sanitäranlagen zu nutzen (wenn es denn welche gab) oder aber einfach warmes Wasser aus dem Hahn der Spülbecken zu nehmen. Dort gibt es beinahe immer relativ heißes Wasser und wir hatten auf der Reise nie Probleme damit.

Nach drei Tagen in Oberteuringen sollte es dann aber auch für uns wieder heißen: Sachen packen und Unterlegkeile verräumen! Vor uns lag eine beschwerliche Fahrt über den Splügenpass nach Italien, denn unser nächstes Ziel war der Comer See. Dazu mussten wir wohl oder übel über die Berge. Wohlwissend, dass unser Bulli mit seinen 68 PS nicht gerade über die Bergkuppen fliegen würde, planten wir für die Strecke so um die fünf Stunden ein. Und es sollte alles anders ganz anders kommen ...

Der Campingplatz auf dem *FERIENHOF KRAMER* ist ideal für Familien, liegt idyllisch auf einem riesigen Gelände hinter einem schönen Gehöft in Oberteuringen am Bodensee. Viel Platz, Schwimmteich, Tiere, Spielplätze und Bauernhofleben – hier gibt es viel zu entdecken: **www.camping-am-bauernhof.de**

BODENSEE – COMER SEE

George Clooney im Dauerregen

George Clooney im Dauerregen

Diese Fahrt sollte ganz anders verlaufen als geplant. Nachdem wir in Oberteuringen noch gut gefrühstückt und alles wieder in den Bulli gestopft hatten, ging es los, über die Schweizer Alpen. Dahinter wartete der Comer See auf uns. Wir sahen uns schon, mit einigem zeitlichen Puffer gerechnet, am Nachmittag so gegen 15 Uhr am Comer See liegen.

SCHNITTIG IM WINDSCHATTEN DER ANDEREN

An Obstplantagen vorbei, die Sonne im Rücken, ging es bei bester Laune immer weiter Richtung Alpen durch die Schweiz. Hinter Liechtenstein, einem der kleinsten Staaten der Welt, türmten sich schon bald immer höhere Berge vor uns auf. Über den schönen Splügenpass hatten wir aufgrund seines malerischen Verlaufs durch

Schneelandschaften und kleine Bergdörfer nur Gutes gelesen. Wir fuhren meist im Windschatten der anderen Autos – sofern dies möglich war. Es fühlte sich an, als prügelten wir Edda mit 30 Kilometern pro Stunde den Berg rauf ... langsam, aber sicher gewannen wir an Höhe. Vor ein paar Stunden hatten wir noch bei 20 Grad Celsius in der Sonne gefrühstückt, hier oben war es nun auf einmal richtig kalt. Dafür wunderschön! Tito verschlief beinahe die ganze wunderbare Aussicht, dafür konnten wir anderen sie in Ruhe genießen. Aber die abenteuerlichen Haarnadelkurven erforderten konzentriertes Fahren; wir kamen nur langsam voran. Und bildete sich hinter uns mal nicht eine Schlange von ungeduldigen Autofahrern, überholte uns alle zwei Minuten ein PKW. Wir waren halt gemütlich unterwegs, so redeten wir uns das ein.

HALLO SCHNEE

Und plötzlich: Winter. Der
Splügenpass schlängelt sich wild den
Berg hinauf – und wieder runter.
Schön und schlimm zugleich.

UND STOPP!

Beinahe hätten wir es geschafft. Und dann doch nicht. Stundenlanger Zwangsstopp inmitten der Alpen. Das Abenteuer geht los.

Endlich „oben" und in Italien angekommen, war uns erst einmal nach Kaffee und Pause zumute. Tito war mittlerweile erwacht, und so beschlossen wir, das nächste Restaurant anzupeilen. In dem 50-Seelen-Dorf Montespluga suchten wir einen Parkplatz und wollten gerade aussteigen, da kam uns ein aufgeregter Mann entgegen. Wir sollten besser sofort wieder einsteigen und schnell weiterfahren. Es würde eine geplante Sprengung geben: Der komplette Pass würde deswegen für mehrere Stunden gesperrt werden müssen. Und wenn wir nicht in zwei Stunden wieder unten wären, würden wir von der Sperrung voll betroffen sein.

Da überlegten wir nicht lange, stiegen sofort wieder ein und fuhren zügig weiter. Die Kinder bestachen wir mit Keksen, furchtbaren (Ohrwürmer-) Kinderliedern und versprachen zumindest dem Großen ein großes Eis bei Ankunft. Der Bulli musste in einem Affentempo den Berg wieder hinunter. Die Bremsen wurden dabei teilweise so beansprucht, dass es manches Mal ziemlich verbrannt roch. Ich machte mir Sorgen, aber was sollten wir denn tun, wenn wir nicht stundenlang mit den Kids mitten in den ungemütlichen Bergen festsitzen wollten?

KATASTROPHE: PERFEKT

Während der Fahrt hinunter fluchten wir über die fehlenden Hinweise und Schilder, denn nirgendwo hatten wir etwas von der Sprengung gelesen. Sonst hätten wir uns ja noch eine Alternative überlegen können. Nun waren wir quasi dazu gezwungen den Weg nach unten in zwei Stunden zu

schaffen, und dabei nahmen wir jede Haarnadelkurve so scharf mit, dass wir einen Schleudergang durchlebten. Und ja, uns wurde schlecht. Ganz besonders dem Großen. Emil klagte plötzlich über Halsschmerzen, hatte Durst und wollte das Fenster geöffnet haben. Ich ahnte, was da nun kommen sollte, und bat Michel darum, schnellstmöglich irgendwo anzuhalten. Aber es gab einfach keine Möglichkeit. Die Straßen war super schmal, die Abgründe tief, keine Parkbucht in Sicht. Und so kam es, dass Emil sich in den Bulli übergab. Schokokekse und Wasser. Und die Tüte, die ich ihm schnell noch reichen konnte, hatte ein Loch – war ja klar.

Die Katastrophe war perfekt. Der Splügenpass hatte sich wirklich von seiner schönsten Seite gezeigt. Ich hatte genug, verfluchte direkt die komplette Tour und hoffte auf eine baldige Haltemöglichkeit. Ein Blick auf die Uhr: Wir waren bereits knapp zwei Stunden auf dem Weg hinunter, als ich plötzlich sah, wie wir auf das Ende einer Autoschlange von etwa zehn Autos zufuhren. Wir befanden uns zum Glück auch mit mehreren Autos vor uns noch am Anfang der Schlange und inmitten eines kleinen Dorfes, in dem nun in Seelenruhe die besagte Straßensperre errichtet wurde, von der uns der Mann zuvor oben auf dem Berg berichtet hatte. Da war sie nun. Wir waren also nur knapp 5 Minuten zu spät. Wir hätten es schaffen können. Hätte, hätte Fahrradkette! Im Gegenzug bekommen hatten wir: einen vollgekotzten Bulli, abgefahrene Bremsklötze und die Aussicht auf mehrstündiges Warten. Unsere Laune war im Keller. Die Kinder waren einfach nur froh, den Bulli so schnell wie möglich verlassen zu können. Und

ABBADIA LARIANA liegt direkt am Comer See auf einer kleinen Landzunge. Er gilt als ruhiger und sonniger Touristenort in der Provinz Lecco. Von hier aus starten viele Wanderwege, es gibt einen schönen Strandabschnitt und einen Uferweg, der an dem kompletten Ort vorbeiführt.

so ging ich entnervt mit ihnen die paar Meter bis zur Straßensperre und ließ sie das Geschehen beobachten, während Michel sich mit Wasser, Spüli und Küchenrolle voller Freude an das Schrubben im Bulli machte.

KEINE SORGE, BULLI HILFT

In dem kleinen Dorf Lerone war es dann gar nicht mehr so schlimm. Wir konnten an der Schlange vorbei auf einem kleinen vorgelagerten Parkplatz neben einem mit Gras bewachsenen Plateau parken, auf dem sogar ein kleiner Spielplatz mit Schaukel und Rutsche auf uns wartete. Da es mittlerweile 14 Uhr war und wir richtig Hunger hatten, kochten wir spontan Nudeln. Wozu reist man schließlich in einem Bulli?

Während des Essens und des Wartens lernten wir ein paar nette Schweizer und auch Deutsche kennen, die ebenfalls sehr verwundert über die Sperrung und die fehlenden Infos darüber waren. Aber die Sonne schien, wir lagen satt im Gras, es hätte schlimmer kommen können.

Nach eineinhalb Stunden Warterei wurde aber dann auch allen langweilig. Es gab außerdem keine Toiletten, also beschlossen wir mit den Kids einen kleinen Spaziergang zu machen. Gegenüber unseres Parkplatzes konnte man anscheinend durch ein kleines Tor und entlang eines Flusses spazieren. Das wollten wir ausprobieren. Mehrere Leute kamen mittlerweile aus dieser Richtung zurück und berichteten von einer Wanderung mit Ziegen und Natur. Das wollten wir uns nicht entgehen lassen.

Und so kam es, dass wir fast eine Stunde durch Italiens Alpen kraxelten. Inmitten von Ziegen, eingekesselt von Stein, Geröll und nebenan der doch ganz idyllisch rauschende kleine Fluss, der bei Google Maps nur Liro heißt. Wir hatten schon Bedenken, die Sperre sei aufgehoben und wir hätten unsere Fahrzeit „vertrödelt", aber dem war nicht so. Bei unserer Rückkehr standen alle Autos noch brav in Reih und Glied. Die Leute der Bergwacht bewachten noch immer die Sperre. So mussten wir noch weitere 40 Minuten ausharren, als plötzlich Bewegung in den italienisch sprechenden Wachtrupp kam. Man sagte etwas von „cinque minuti" und nach weiteren „dieci" davon stiegen die Leute ein und starteten ihre Motoren. Keiner wollte mehr warten. Aufbruchstimmung in den Alpen!

GEORGE CLOONEY, WIR KOMMEN!

Als wir als fünftes Auto dann endlich auch den Parkplatz verlassen durften, sah ich bei dem Blick aus dem Fenster noch unser Spülmittel und einen Teller am Parkplatz stehen. Michel wollte erst noch anhalten, aber ich bat ihn darum, einfach nur aufs Gas zu drücken. Schnell weiter! Zum Glück hatten wir nur noch etwa eine Stunde Fahrt vor uns bis zum Sommerdomizil von George Clooney: Wir kommen!

Als wir den blauen See von Weitem erblickten, war es mittlerweile fast 19 Uhr und wir waren vier Stunden hinter unserer Planung. Das bedeutete einen Tag weniger am Comer See. Hätten wir vorher gewusst, wie übel der Campingplatz in Abbadia Lariana und das Wetter sein würden,

REGEN AM SEE

In den wenigen trockenen Momen-
ten konnten wir den See erkunden.
Zwar nicht als Badegäste, aber
wenigstens als Spaziergänger ...

wir hätten in den Alpen übernachtet.
Tipp: Die Wetter-App ist euer bester
Freund!

Von unseren letzten Stopps waren wir
viel Privatsphäre und saubere Sanitär-
einrichtungen gewohnt. Hier sollte
alles anders kommen. Die Anlage war
voll! Und der uns zugewiesene Stellplatz lag Tür an Tür mit einem Wohnmobil auf der einen Seite und einem
ganzen Jetski-Club im Mobilhome auf
der anderen. Der Club bestand aus
einigen Männern und wenigen Frauen,
die uns deutschsprachig sofort mit
einem Bier zuprosteten und die ganze
Nacht nicht mehr damit aufhören sollten. Wir hatten einfach nur Hunger.
Nach kurzem Blick auf den Wetter-
bericht entschieden wir uns für den
Aufbau des Vorzeltes, damit wir das
noch im Hellen erledigen konnten. Das
erste Mal! Eine weise Entscheidung (es
sollte noch aus Eimern schütten), aber
auch ein langwieriges Unterfangen.

Michel brauchte ewig (ja, da musste
er durch), wir waren beinahe verhun-
gert und entsprechend übellaunig (da
mussten dann wir alle durch). Als das
Zelt endlich aufgebaut und der Bulli
ausgeräumt war, entschieden wir uns
spontan dazu, die Pizzeria auf dem
Campingplatz aufzusuchen, die nicht
sehr einladend aussah, aber hey: Pizza!
Und das war das Beste, was uns in
den zwei Tagen Comer See passiert
ist. Ohne Witz. Diese Pizza hat uns
gerettet. Laut unseren zuprostenden
Nachbarn soll der Pizzabäcker seine
Ausbildung bei einem Weltmeis-
ter-Pizzabäcker gemacht haben. Die
Pizza wäre jede Auszeichnung wert
gewesen. Müde wie wir waren, sind
wir früh im Bulli verschwunden. Nicht

DAS LEBEN EBEN

Wenn es viel regnet, muss man die trockenen Momente auskosten und während der feuchten den Bulli zur Höhle umfunktionieren.

ohne zu erkennen, dass die Sanitäranlagen nicht unbedingt die Schönsten waren und sicherlich keinem Weltmeisterniveau entsprachen. Von den Jetski-Nachbarn in den Schlaf geprostet, haben wir dann so etwa bis drei Uhr geschlafen, um plötzlich von einem Knall und einem lauten Wassergeprassel auf unser Bullidach wieder wach zu werden. Die Kids haben zum Glück weitergeschlafen, während wir im Halbschlaf kurz feststellen mussten, dass es in Strömen regnete.

Am nächsten Morgen sollten wir knallhart mit unserem ersten richtigen Regen und dessen Folgen konfrontiert werden. Noch schlaftrunken öffneten wir die Bullitür. Und? Das Vorzelt war komplett in sich zusammengefallen. Der Regen hatte sich in der Mitte gesammelt; das Verbindungsstück zwischen Zelt und Bulli war abgerissen. Die Schrauben hatten sich gelöst, die Schellen haben nachgegeben. Da

lag es. Und unter sich begraben alle Sachen, die wir den Abend zuvor statt ins Packzelt einfach ins Vorzelt gelegt hatten. Alles nass. ALLES. Zum Glück waren keine empfindlichen Gegenstände betroffen, aber nervig war es allemal. Nervig nass. Denn der Regen hörte nicht auf. So baute Michel draußen schnell alles wieder auf und ich blieb mit den Kids im Bulli, zog uns alle an, suchte die Gummistiefel, las Bücher, wartete und hoffte. Hoffte auf Sonne und wünschte mich kurzzeitig nach Hause. Oder zumindest zurück nach Oberteuringen, wo es sicherlich schon wieder schön warm war.

NACH UNS DIE SINTFLUT!

Wir frühstückten nach Katzenwäsche im Vorzelt. Der Regen tröpfelte aufs Dach, bei uns tröpfelte die H-Milch über das aufgeweichte Müsli. Luxus war das ... Luxusmüsli am Luxus-Comer See. Wo wohnte noch mal George Clooney? Como? Ne, Laglio oder so ähnlich. Er hatte bestimmt die Villa auf der Sonnenseite. Was er wohl gerade zum Frühstück kredenzt bekam? Wir hatten drei Übernachtungen in Abbadia Lariana geplant. Schon am ersten Tag war uns der schöne See verregnet, bis auf einige kurze Sonnenmomente. Wir verbrachten also unseren Urlaub damit, das Wasser vom Zelt zu schöpfen oder aber zu überlegen, was man in den kurzen Regenpausen machen könnte. Irgendwann entschieden wir uns für einen Spaziergang durch das Dorf. Komme, was wolle. Die Kinder wurden entsprechend regenfest eingekleidet, wir stiefelten los. Immer romantisch entlang der Straße. Bürgersteige gab es nicht. Aber einen Park. Und einen Spielplatz. Und eine Eisdiele.

Auf die stürzten wir uns und besetzten sie. Sicherlich drei Stunden lang. Eis, Kaffee, Cappuccino, Eis, Ciabatta. Ja, Eis geht auch zweimal. Wir haben es uns einfach gut gehen lassen, während um uns herum die Welt wegzuschwimmen schien. Nach uns die Sintflut!

So überlebten wir einen Tag. Abends gab es natürlich wieder Pizza. Die essen Kinder ja eigentlich immer. So auch unsere. Pssst: Eigentlich hatten wir uns Italien auch wegen des Essens ausgesucht. Pasta, Pizza, Gelato. Da würde kein Kind hungern müssen.

In der Nacht ist dann unser Vorzelt ein weiteres Mal weggekracht. Der Jetski-Club nebenan sagte irgendwann auch keinen Ton mehr. Am Morgen danach konnten wir uns nicht noch eine Übernachtung vorstellen. Die Wetteraussichten waren immer noch miserabel. Unterwegs mit dem Bulli zu sein heißt: draußen sein; wir wussten bei dem Regen einfach nicht, wohin mit uns. Mit zwei kleinen Kindern auf einem engen Campingplatz in einem engen Bulli bei Dauerregen? Das geht mal einen Tag. Aber zwei? Am nächsten Tag brachen wir die Zelte ab – im wahrsten Sinne. Wir packten die Klamotten, frühstückten noch kurz Croissant und Cappuccino in der Pizzeria und fuhren los. Ciao Comer See, ciao George, ciao, bello ciao, ciao, ciao. Auf zum nächsten See, auf zu neuen Abenteuern!

TIPPS & TRICKS

Unterwegs
Im Regen

IRGENDWAS IST IMMER! Ob (unverhoffte) Straßensperre, Brechalarm oder es ist einfach alles nassgeregnet: All das kann passieren. Weiß man vorher, verdrängt man gern. Ich würde beispielsweise nie wieder ohne Kotztüten den Bulli besteigen. Eine Rolle Mülltüten fristet seitdem ihr Dasein im Handschuhfach. Und es kann immer mal regnen. Daher immer Regensachen mitnehmen und: **VORZELT!** Wir haben uns ein günstiges gekauft. Heute würden wir ein Vielfaches dafür ausgeben, so sehr haben wir es zu schätzen gelernt. Generell kann es prima vor Regen schützen, vor neugierigen Blicken und vor Wind und Kälte, wenn es doch mal frisch werden sollte. Eigentlich schützt es immer, sieht nur nicht so gut aus. Aber das ist egal! Man sollte darauf achten, dass es einfach am Bulli zu befestigen ist und auch mal einem richtigen Regenschauer standhält! Es gibt Vorzelte mit Boden oder ohne, das muss man selbst entscheiden. Und bei den Preisen sind keine Grenzen nach oben gesetzt. Mittlerweile gibt es sogar aufblasbare Exemplare!

Der Campingplatz *CAMPING SPIAGGIA* ist ein familiengeführter Platz direkt am Comer See. Mit Zugang zum Wasser, Bootsverleih und Pizzeria. Sicherlich bei Sonne ein toller Platz, wenn man auch den Strand nutzen kann: **www.campingspiaggia.com**

COMER SEE – GARDASEE

Noch ein See, noch mal Regen

Noch ein See, noch mal Regen

In knapp zwei Stunden sollten wir unser nächstes Ziel, Manerba del Garda am Gardasee, erreichen. Im dichten Regen fuhren wir los, im Nieselregen kamen wir an. Wir hatten auch diesen Platz reserviert und bereits eine Anzahlung geleistet. Wir wussten nicht, ob wir einen Tag früher kommen konnten, und hofften einfach darauf, dass der Platz nicht überfüllt sein würde. Zum Glück war dem so. Wir konnten den für uns reservierten Platz schon einen Tag früher beziehen. Das heißt, wir durften uns sogar einen Platz aussuchen. Das war ein kleiner Wermutstropfen im Angesicht der aktuellen Wetterlage. So stellten wir uns direkt unten ans Wasser. Als Nachbarn hatten wir nur ein (ruhiges) Pärchen mit einem neueren Bulli, die ein paar Meter weiter standen.

Der Platz war einer der teuersten unserer Route. Beinahe 50 € für eine Nacht. Das war Luxus! **Tipp:** Bei der Recherche nach Plätzen vor dem Rechner zu Hause am besten die Einschätzung des Angebots üben (mehr dazu ab Seite 165). Leider entpuppte sich der Campingplatz als riesig, mit vielen Toiletten und Waschgelegenheiten, in denen man sich beinahe verlaufen konnte. Die schöneren Stellplätze lagen weit vorne auf der Landzunge, aber dort war leider alles belegt. Das teuer aussehende Restaurant mit Blick auf den See sah einladend aus, aber für einen Campingplatz schon fast zu schick: weiße Tischwäsche, edle Weingläser.

Wir nutzten den trockenen Moment, um unser Packzelt aufzubauen und das noch feuchte Vorzelt zu entfalten. In weiser Voraussicht, denn auch in dieser Nacht sollte es wieder heftig regnen. Am Nachmittag erkundeten wir den Platz, kochten Kaffee, ließen am Wasser Steine springen und hofften, dass es nicht weiterregnen würde. Am Abend kochten wir gemeinsam und aßen zum ersten Mal wieder draußen vor dem Bulli, seitdem wir aus Oberteuringen losgefahren waren. Endlich hatten Michel und ich auch Lust auf einen Wein und ließen den Abend bei einem wunderschönen Sonnenuntergang ausklingen. Die Kinder waren so müde vom Tag, dass sie recht schnell einschliefen.

SCHÖN GELEGEN ODER NAH GEPINKELT?

Wir hatten einen Stellplatz am Wasser gewählt, dafür mussten wir nun einen längeren Gang zu den Sanitäranlagen in Kauf nehmen. Für jeden Toilettengang und jedes Zähneputzen waren schon um die 400 Meter zurückzulegen. Die Kids hatten dazu natürlich gar keine Lust und wir bereuten es nicht das erste Mal, dass wir keine Fahrräder mitgenommen hatten! Allein der Gang zu den Spülbecken, an denen wir das heiße Wasser für Titos Milchflaschen abzapften, dauerte gefühlte Ewigkeiten (der Rückweg war ja genauso lang). So musste man jedes Mal genau planen, wann und mit wem man diesen Weg antrat.

Am folgenden Tag begrüßte uns abermals der Regen. Zum Glück stand das Zelt noch, aber an ein Frühstück im Freien war leider nicht zu denken. So verbrachten wir wieder einen Morgen im Vorzelt bei Müsli, Marmelade & Co. Immerhin war der Kaffee warm.

Dann kam die Sonne heraus. Voller Tatendrang packten wir einen Rucksack und spazierten Richtung Jachthafen in der Hoffnung auf ein wenig Trubel und eine Eisdiele. Der Weg ging am Wasser entlang und vorbei an einem Spielplatz, an dem sich das ganze Dorf zu versammeln schien. Wahrscheinlich waren alle genauso froh über die Sonnenstrahlen wie wir! Der kleine Jachthafen Porto Torchio ist hübsch, von dort aus kann man sich auch für kleines Geld zu der vorgelagerten Insel Isola di San Biagio bringen lassen. Als „Haseninsel" bekannt, kann man hier ganz viele Kaninchen beobachten, die Kids

OH SONNE!

Und ja, wir hatten auch trockene Momente am Gardasee. Einige wenige, aber die sind in Erinnerung geblieben.

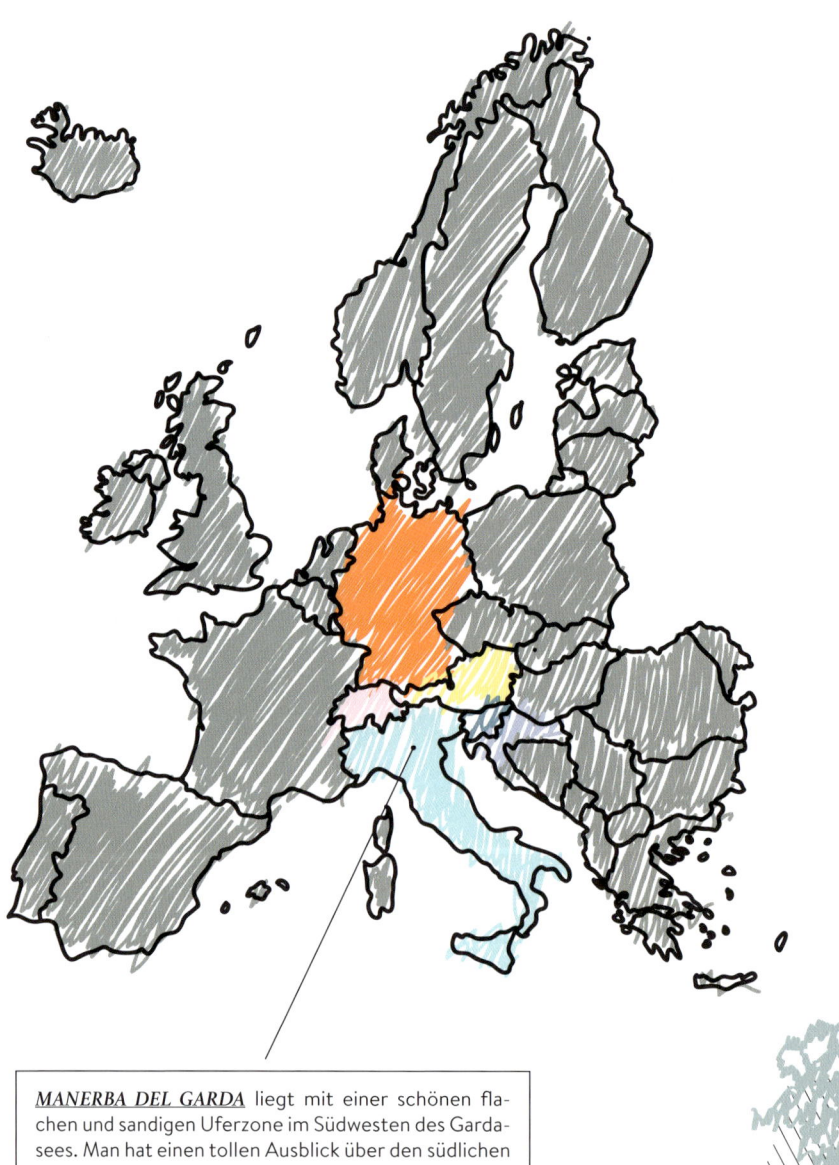

MANERBA DEL GARDA liegt mit einer schönen fla-
chen und sandigen Uferzone im Südwesten des Garda-
sees. Man hat einen tollen Ausblick über den südlichen
Teil des Sees und kann herrliche Sonnenuntergänge
genießen. Nördlich der Burgruine (und des Felsens)
Rocca di Manerba läuft die Landzunge Punta Belvede-
re schmal in den See hinein. Von deren Spitze aus kann
man zur „Haseninsel" San Biagio hinüberwaten.

können über Felsen klettern, während man selbst einen Kaffee in der einzigen Bar der Miniinsel genießen kann. Die kurze Bootsfahrt ist natürlich ein tolles Ereignis für die Kleinen. Aber pssst: Zu Fuß kann man die Insel auch vom Campingplatz aus erreichen – wenn der Wasserstand es zulässt. Je nachdem wie hoch das Wasser steht, kann auch das zu einem interessanten Unterfangen werden.

Abends haben wir uns dazu durchgerungen, das schicke Restaurant auf unserem Campingplatz zu testen. Das letzte Mal wurden wir ja auch positiv überrascht. Ganz edel saßen wir dann in unseren Outdoor-Klamotten an einem weiß gedeckten Tisch mit Stoffservietten. Welch Gegensatz. Aber das kann man sich in der Elternzeit ja ruhig mal gönnen – wenn der Nachwuchs mitspielt. **Tipp:** Glücklicherweise ist Italien ein sehr kinderfreundliches Land. So gibt es in jedem Restaurant, in jeder Eisdiele und in jedem Café einen Kinderstuhl und meist sogar Spielsachen und Stifte zum Malen. So auch in diesem Restaurant. Wir saßen bei schönstem Sonnenschein direkt am Wasser, während die Kinder herumlaufen konnten und sich niemand gestört fühlte. Herrlich!

Aber der Schein kann trügen. So entspannt der erste Tag in Manerba schlussendlich war, so scheußlich wurde der darauf. Erneut hörten wir morgens als Erstes die Regentropfen. Fast den ganzen Tag mussten wir im Bulli verbringen. Der Himmel war schwarz, das Gewitter laut. Es war schrecklich eng, langweilig und nervenaufreibend. Wir wussten irgendwann nicht mehr, was wir tun sollten. Da unsere Küchen-

SPASS MUSS SEIN

Am Gardasee hatten wir wahrlich kaum etwas zu lachen. Doch Kindern macht mieses Wetter am wenigsten aus.

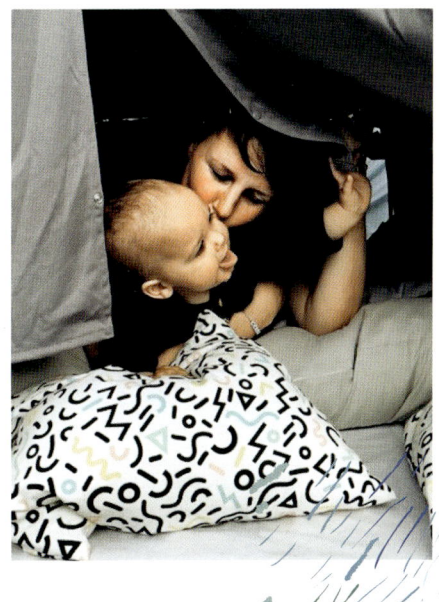

AUSKLANG

Wenn am Abend die Sonne (ohne Regen) untergeht, wenn die Kinder schlafen und man einen Wein öffnet, steht die Welt plötzlich still.

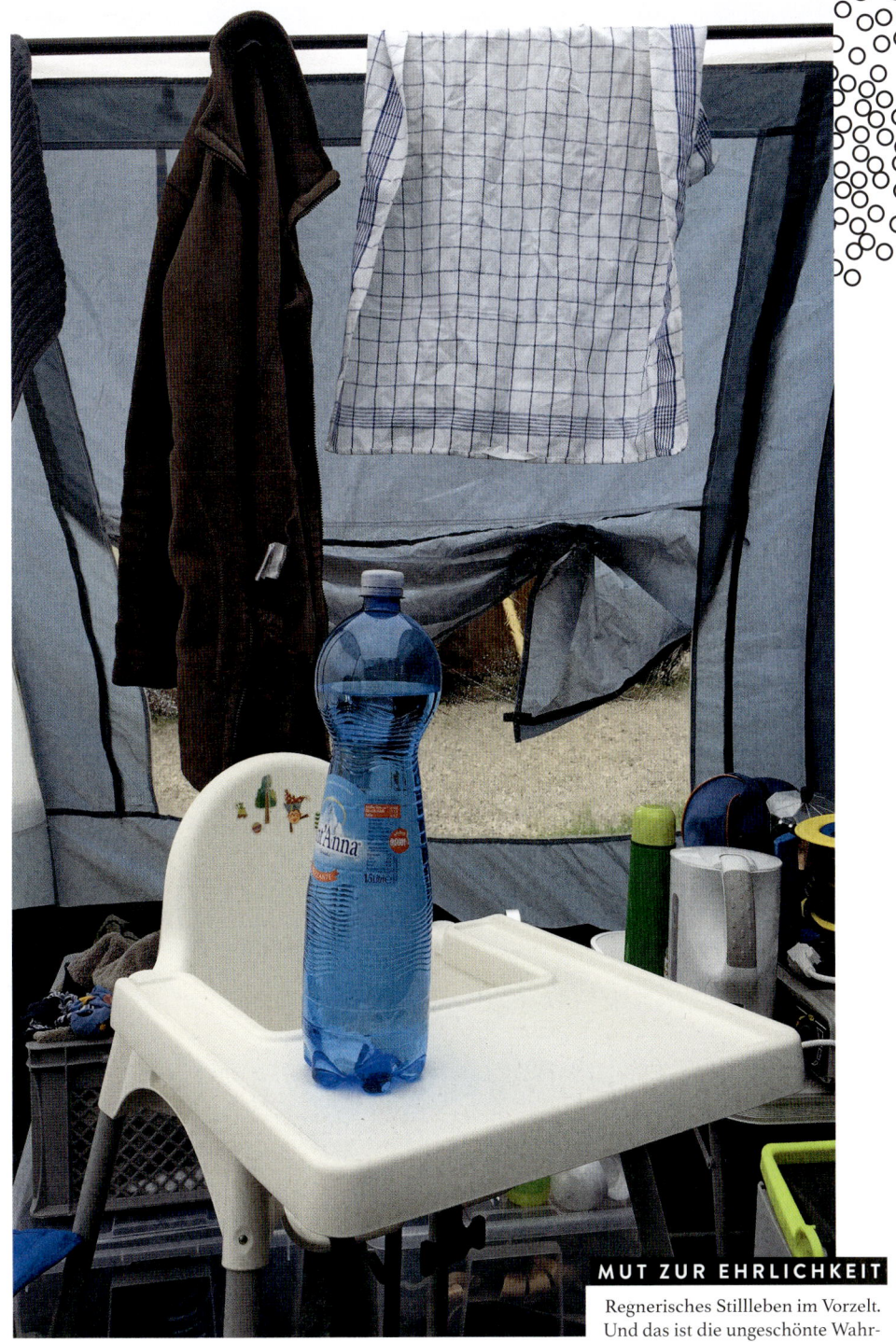

MUT ZUR EHRLICHKEIT

Regnerisches Stillleben im Vorzelt.
Und das ist die ungeschönte Wahrheit! Camping kann auch recht
unromantisch nerven.

box nur von hinten am Bulli zugänglich ist, konnten wir uns nicht einmal Kaffee kochen. Wir aßen den ganzen Tag lang Chips und Kekse, hörten Musik, lasen Bücher vor und versuchten Tito in den Schlaf zu singen. Aber eines hatte auch das für sich: Man lernt sich als Familie so richtig gut kennen. Und plötzlich weiß man die kleinen Dinge wieder zu schätzen. Zum Beispiel eine warme Dusche. Die haben wir uns alle am Abend noch gegönnt, sind in einer zehnmütigen Regenpause noch einmal um den Platz gewandert und haben abends im klammen Vorzelt beschlossen: Wir fahren weiter. Und zwar der Sonne hinterher.

Eine der wichtigsten Praktiken auf unserer Tour – und spätestens ab dem Gardasee zum allabendlichen Ritual geworden: das Checken unserer Wetter-Apps auf beiden Handys. Man musste ja wissen, wo die Sonne gerade weilte …

EIN BLAUES AUGE

Für unser nächstes Ziel Venedig, Fahrtzeit etwa drei Stunden, war Sonne gemeldet. Und schnell waren wir wieder guter Dinge und noch über-

zeugter von unserem Plan, als es in der Nacht wieder anfing zu gewittern und zu regnen. Am nächsten Morgen frühstückten wir schnell, räumten alle nassen Sachen fix in den Bulli und mussten ordentlich schlucken, als wir an der Rezeption 100 EUR für zwei nicht sehr schöne Urlaubsnächte bezahlen mussten. Zum Glück erließ uns der Platzbesitzer kulanterweise aufgrund des Wetters die restlichen Tage, die wir reserviert hatten. So kamen wir noch mit einem blauen Auge davon. Es lebe die Vorsaison.

Schon nach einer Stunde Fahrt schien die Sonne unverhofft wieder, unsere Laune wurde immer besser. Nach einem kleinen Zwischenstopp Nähe Padua erreichten wir den Agricampeggio Mose in der Nähe von Venedig (Cavallino-Treporti), nach vier Stunden. Da unsere wichtigsten Vorräte wie Müsli und Wein fast aufgebraucht waren, legten wir im Supermarkt noch einen Einkaufsstopp ein und rollten anschließend wenig später bei strahlendem Sonnenschein auf den Hof des Campingplatzes, der an einem Agriturismo liegt. Eine richtige Oase, wie sich später herausstellen sollte.

Der Campingplatz *CAMPING SAN BIAGIO* liegt wunderschön auf einer Landzunge bei Manerba del Garda. Zu unserer Zeit dort waren die Sanitäranlagen noch veraltet und riesig. Mittlerweile wurden sie wohl überholt. Der Platz ist ein guter Ausgangspunkt für Touren und Spaziergänge. Die wunderbare Aussicht bietet See und Berge. Im schicken Restaurant lässt sich entspannt essen und frühstücken. Nicht ganz günstig, aber kinderfreundlich: **www.campingsanbiagio.net**

SCHOTTEN DICHT!

Draußen Regen, im Bulli gemütlich.
Die Thermomatten in der Fahrerkabine sorgen für mehr Dunkelheit
und Kühle bei Sonne.

TIPPS & TRICKS

Wetter!
Check ✓

GUT VORBEREITET IST HALB GESONNT. Spätestens beim
dritten Stopp hatten wir gelernt, dass man sich besser auf
den nächsten Tag vorbereiten sollte – und auch auf das
nächste Ziel. Und zwar hauptsächlich, indem man das Wetter
checkt. Beim allabendlichen Ritual wurden mehrere Wetter-
Apps konsultiert. So konnten wir – besser spät als nie – einige Vorkehrungen treffen und wir passten auch den ein oder
anderen Tagesplan an.

Die Tour
mit Kind und Kegel

GARDASEE – VENEDIG

Die Oase. Mit Verlängerung

× × ×
× × ×

Die Oase. Mit Verlängerung

Auf dem Agricampeggio Mose fühlten wir uns von Anfang an wohl. In der süßen Holzbude an der Einfahrt wurden wir nett empfangen und durften uns dann einen Platz aussuchen. Alle Plätze sind mit Strom und Wasser ausgestattet. Das bedeutete, dass wir die Kühlbox würden nutzen können, und das wiederum bedeutete: morgens frische (!) Milch, Käse, Wurst und zum Ausklang kühles Bier! Der Tag war gerettet. Damals wussten wir noch nicht, welche italienischen Delikatessen noch auf uns warteten.

Der Platz war bei unserer Ankunft ziemlich leer, und wir entschieden uns für eine Nische unweit der Sanitäranlagen, die hübsch von Hecken und Sträuchern eingefasst war. Endlich konnten wir alle klammen und nassen Sachen aus dem Bulli zum Trocknen aufhängen. Rasch war klar, dass es Zeit war für die erste Runde Wäsche, was auf dem Platz auch nicht viel kostete. Dann besuchten wir die Sanitäranlagen und waren überrascht. Anders als üblich teilte man sich

Waschbecken, Toilette und Dusche nicht mit anderen Gästen. Nein, man konnte sein eigenes kleines Bad für die Dauer der Nutzung abschließen. Ok, eigentlich teilte man sich diese Bäder auch, aber dennoch hatte man eine gewisse Privatsphäre, die wir in den letzten Tagen so gar nicht genießen durften. Außerdem gab es das erste Mal auf unserer Tour die Möglichkeit, den kleinen Tito zu baden! Bisher hatten wir ihn in einem mitgeführten Wäschekorb in die Dusche gesetzt. Auch das ist ein **Tipp** von uns! Am besten eignet sich ein gelöcherter Korb, auch wunderbar für noch jüngere Mitfahrer.

ITALIENISCHES GLÜCK: PROSECCO UND BOLOGNESE

Den ersten Nachmittag verbrachten wir mit Erkundungen auf dem Platz, Kaffee in der Sonne (endlich wieder!) und zwei glücklich spielenden Kindern, die wieder in kurzer Hose und T-Shirt ihre Umwelt entdecken konnten. Dann stießen wir bei einem

LA DOLCE VITA

Dem tristen Regen entkommen, gönnen wir uns erst einmal frische Wäsche, Kaffee und Burger. Endlich wieder Sonne, wieder gute Laune!

CAVALLINO-TREPORTI BEI VENEDIG ist ein kleiner Ort auf einer Halbinsel zwischen Venedig und Jesolo. Dort geht es sehr naturnah und authentisch zu, fernab vom Großstadtrummel. An der Adriaseite befindet sich ein fast zwölf Kilometer langer schöner Sandstrand. Venedig erreicht man in nur fast 40 Minuten mit dem Wassertaxi.

BESUCHER WILLKOMMEN

Die frechen Spatzen sind ebenfalls
Italienreisende. Zur Freude der Kinder
(nicht zu unserer) flatterten sie herbei,
sobald Essbares auftauchte.

Besuch auf dem Spielplatz am Haus der Agriturismo-Familie auf einen schicken Foodtruck von Airstream, der hinter der Rezeption parkte. Davor standen Stühle und Tische mit Speisekarten, es war sogar ein Zelt aufgebaut. Ein kurzer Blick auf die Karte und uns war klar: Hier würden wir jeden Abend sitzen, essen und das Leben genießen. Die Mama der Familie und einer der Söhne kochten in dem silbernen Wagen und servierten alles frisch. Auf der Karte standen Spaghetti Bolognese (die besten, die wir jemals gegessen hatten!), italienische Burger, Steak, Ofengemüse oder Pommes frites. Die meisten Zutaten kamen dabei aus dem eigenen Anbau. Dazu Prosecco vom Agriturismo, italienisches Bier oder gut gemixter Aperol-Spritz. Endlich grüßte „la dolce vita"!

Am nächsten Tag schien wieder die Sonne und nachdem Emil die am Abend zuvor bestellten Brötchen abgeholt hatte, genossen wir ein leckeres Frühstück vor dem Bulli. Zum ersten Mal seit Tagen hatten wir das Vorzelt nicht aufgebaut und sofort fühlten wir uns viel freier.

Neben uns hatte eine ältere Dame aus der Schweiz ihr Wohnmobil geparkt, die uns dazu beglückwünschte, dass es uns hierherverschlagen hatte. Sie komme schon seit Jahren her und es sei einer der schönsten Plätze des Landes. Dazu meinte sie, dass es in ganz Italien regnen würde. Nur rund um Venedig sei es im Moment trocken und so auch für mehrere Tage gemeldet. Eine Oase inmitten Italiens sozusagen, jetzt auch unsere.

NUR MUT

Außerhalb von Deutschlands Straßen kann man mal ein Auge zudrücken: entspanntes Radfahren ohne Kindersitz mit Spaßfaktor.

Nach dem Frühstück wollten wir uns Fahrräder ausleihen, um damit an den nahe gelegenen Strand zu fahren. Allerdings gab es keine Kindersitze für die Räder. Trotzdem wollten wir es versuchen. Emil sollte bei Michel auf dem Gepäckträger Platz nehmen, Tito schnallte ich mir in die Trage auf den Rücken. Nein, sicher war das nicht, und in Deutschland hätte wir das nie im Leben gemacht. Aber wir waren im Urlaub, der Weg schien nicht weit.

KREBSE UND MEER

Es war eine abenteuerliche Fahrt und die Kinder hatten einen Riesenspaß. Es ging durch grüne Felder und Wiesen, an einem kleinen Wald entlang, dahinter die Dünen. Nach nur zehn Minuten Fahrt erreichten wir den Strand und wir waren sofort begeistert: nahezu menschenleer, was an der Nebensaison liegen mochte. Wir blickten auf einen weißen weiten Sandstrand, das Meer war klar und überall lagen Krebse. Ja, Krebse. So viele hatten auch wir Großen noch nie gesehen. Die Kinder stürzten sofort in und ans Wasser. Wir verbrachten den Nachmittag damit, Krebse zu beobachten und die Sonne zu genießen. Da wir nicht damit gerechnet hatten, dass wir ins Wasser gehen würden, hatten wir den Kindern keine Badesachen angezogen. Aber genau die hätten wir gebraucht. Tito war sofort nass und krabbelte in einer Tour durch den nassen Sand Richtung Wasser. Emil baute aus Sand und Steinen riesige Burgen und kleine Festungen „für die Krebse". Nach nur fünf Minuten waren die beiden nass und dreckig, aber super glücklich.

Am nächsten Tag sollte es für uns alle zum ersten Mal nach Venedig gehen. Dazu konnte man spontan dem Sohn der Agriturismo-Familie Bescheid geben, der uns gratis mit dem Bulli zum

DRECKSPATZ

Irgendwann ist auch alles egal.
Wer die Badehose nicht einpackt, ist
dann eben selbst schuld.

GUTE MIENE...

Venedig ist wunderschön, aber mit
zwei kleinen Kindern durch die
mit Treppen durchzogene Stadt zu
„spazieren", ist Kraftsport.

TRADITION UND EHRE

Gondolieri tragen traditionell entweder weiße Fischerhemden oder gestreifte T-Shirts in Blau oder Rot und dazu meist einen Strohhut.

Hafen Punta Sabbioni, nur zehn Minuten entfernt, brachte. Ab hier fahren die sogenannten Wasserbusse („Vaporetti") in die Lagune von Venedig, direkt in die Altstadt, in die Nähe des Markusplatzes oder aber auch auf die benachbarten Inseln Burano oder Murano. Im italienischen Bulli gab es übrigens auch keine Kindersitze – Urlaub eben.

ZWEI KINDER ÜBER STOCK UND STEIN

Schon kurz nach Ankunft in Venedig mussten wir bereuen, dass wir uns für den Buggy entschieden hatten. Nie hätten wir gedacht, dass es für die zahlreichen Treppen weder Rampen noch andere Möglichkeiten gibt, um mit einem Buggy (Rollstuhlfahrer haben wohl noch mehr Ärger) bequem darüberfahren zu können. Und da Emil nach kurzer Zeit auch nicht mehr laufen wollte, verbrachten wir die Hälfte unseres Venedig-Ausflugs damit, Emil in der Trage (wenigstens war die mit dabei) auf dem Rücken und Tito im Buggy über Stock und Stein zu schleppen.

Venedig war trotzdem wunderschön. Das Wetter war klasse, wir staunten über die unzähligen Boote und Kanäle, auf denen hübsch geschmückte Gondeln fuhren. Die Kids fanden das alles sehr aufregend und wir standen oft Minutenlang auf einer der vielen Brücken, mit denen mehr als einhundert Inseln der Stadt miteinander verbunden sind, um den „Gondoliere" zuzuwinken. Die schipperten in ihrer traditionellen Kleidung, einem weißen Leinenhemd nach Seemannsart oder in einer „maglietta", einem T-Shirt mit roten oder blauen Streifen, einem Strohhut mit Band und Einfassung in der T-Shirt-Farbe, ihre Boote langsam durch die Kanäle.

Gegen Abend wollten wir dasselbe Wassertaxi wieder zurück nehmen und gingen langsam zur Anlegestelle. Das Ticket für eine Hin- und Rückfahrt hatten wir schon zuvor in Punta Sabbioni erstanden. Auf dem Weg durch die wunderschöne Altstadt fing es ganz plötzlich an zu gewittern, kurz darauf schüttete es wie aus Eimern. Schnell suchten wir unter einem Torbogen Zuflucht und mussten fast 30 Minuten ausharren, damit wir nicht klitschnass wurden. Das Wassertaxi erwischten wir nur knapp, konnten dann aber vor Regen geschützt im Innern sitzen. Unseren Heimathafen erreichten wir glücklicherweise wieder im Trockenen. Schnell riefen wir beim Campingplatz an, und baten darum, wieder abgeholt zu werden.

Am Campingplatz berichtete man uns, dass es dort gar nicht geregnet hatte. Unsere regenfreie Oase hatte uns wieder aufgenommen ... wir genossen den restlichen Abend bei Spaghetti und Wein vor dem Foodtruck des Agriturismo in der Abendsonne.

AUCH ZU FUSS GEHT'S ZUM STRAND

Am nächsten Tag sollte es für uns alle noch einmal zum Strand gehen. Diesmal perfekt vorbereitet mit Handtüchern, Badekleidung und Strandspielzeug. Wir schnallten uns Tito in die Trage und liefen ungefähr 30 Minuten zu Fuß durch den Wald und über die Dünen, um ein perfektes Plätzchen neben einem Spielplatz am Strand zu beziehen, wo wir den ganzen Tag verbrachten. Abends kehrten wir noch im Strandcafé ein: Pizza und Pasta.

Da uns der Sohn der Familie von Burano, einer kleinen Insel in der Lagune von Venedig, vorgeschwärmt hatte, wollten wir auch diese besuchen. Wie nach Venedig nimmt man auch hier ein Wassertaxi in Punta Sabbioni. Wir hatten keinerlei Vorstellung, was uns erwartete. Am Hafen von Burano ging es zunächst sehr touristisch zu. Ein Eisverkäufer neben dem anderen und Kellner, die Passanten ansprachen, um sie ins Innere der Restaurants zu locken. Einige hundert Meter weiter offenbarte sich uns die ganze Schönheit der Insel: atemberaubend und fröhlich-bunt! Nie zuvor hatten wir eine Stadt gesehen, die so farbenfroh und hübsch anzuschauen daherkam. Natürlich waren auch viele andere Touristen mit uns dort, aber die Massen verliefen sich schnell. So konnten wir ganz entspannt das Städtchen

erkunden. In einem kleinen Lebensmittelladen ließen wir uns frisches Ciabatta mit selbst gemachten Antipasti belegen, genossen italienisches Eis und spazierten gemütlich durch die vielen Gassen. Ähnlich wie auch Venedig ist die Insel durch etliche Kanäle und Brücken miteinander verbunden. Auf den Wasserstraßen schippern Boote aller Art vor sich hin: beliebte Motive für Touristen. „Fast jeder hier hat ein Boot statt eines Autos", erklärte uns der Verkäufer im Lebensmittelladen.

ES MUSS NICHT IMMER VENEDIG SEIN …

Burano war ein Highlight während unserer gesamten Reise; unsere Erinnerungen daran erhellen jeden grauen Wintertag. Keine Einbildung!

Die restlichen Tage beim Agriturismo spazierten wir noch einmal zum Strand, legten einen ruhigen Cam-

FILMKULISSE

Das bunteste Insel-Städtchen, das wir je gesehen haben. Jedes Foto ein Volltreffer, jede Gasse filmreif.

KUNTERBUNTES TREIBEN

Burano ist bunt, schrill, leise, lieblich,
einfach wunderbar. Wir sind verliebt.
Bis heute.

pingplatztag ein und genossen einfach das tolle Wetter. Alles in allem war der Aufenthalt auf dem Agricampeggio Mose bei Venedig für uns eine unvergessliche Zeit. Wunderbar für alle Familien, die einen Campingurlaub in Italien planen. Entspannt und vielfältig beschäftigt kann man dort ein paar Tage verbringen und die Gegend erkunden. Wir haben sogar verlängert und sind insgesamt eine Woche dort geblieben. Ungeplant ist doch geglückt!

Schweren Herzens mussten wir aber dann doch irgendwann wieder losziehen, denn wir wollten ja noch mehr sehen während unserer gemeinsamen Familienzeit. Ein paar Stationen reihten sich noch auf unserer Liste hintereinander. Das ist auch etwas, an das man sich beim Bulli-Urlaub gewöhnen muss: Das Gefühl, man müsste, könnte, wollte, würde noch weiterziehen, selbst wenn es gerade wunderbar am aktuellen Fleckchen lief. Doch wir hatten schließlich noch einen Plan zu erfüllen.

Der nächste Stopp sollte der weitläufig bekannte und sehr traditionsreiche Badeort Grado an der Nordküste der Adria sein. Somit packten wir nach dem Frühstück unsere mehr-als-sieben Sachen wieder ein, verabschiedeten uns von allen herzlich und machten uns auf den relativ kurzen Weg zur norditalienischen Isola d'Oro, der sogenannten Sonneninsel (wörtlich: „Goldinsel"): Grado.

TIPPS & TRICKS

Buggy, Trage, Kraxe?
Die Qual der Wahl

IHR KINDERLEIN SITZET. Dass kleine (und auch mal größere) Kinder nicht unbedingt immer die Wege zurücklegen wollen oder können, die wir Erwachsenen schaffen, ist klar. Die Frage ist nur, wie man sich für alle Eventualitäten rüstet. Auf unserer Reise haben wir alles genutzt: Buggy für flache Gefilde, für den Strand eher die Trage und in Venedig hätten wir lieber die Kraxe dabeigehabt. Man lernt aus seinen Fehlern. Tito hielt seinen Mittagsschlaf meist im Buggy, weil wir oft zu der Zeit unterwegs waren oder weil es im Bulli zu warm zum Schlafen war.

Der Campingplatz *AGRICAMPEGGIO MOSE* war eine der schönsten Entdeckungen unserer Tour. Hier stellte sich erstmals bei uns das Gefühl ein, richtig auf unserer Reise angekommen zu sein. Ein toller Platz mit allem, was das Herz begehrt: Strand fußläufig entfernt, Venedig und viele andere Sehenswürdigkeiten gut (öffentlich) erreichbar und mit einem Foodtruck, in dem die Familie des Hofes frisch kocht. Besser geht's fast nicht: **www.campingmose.com**

Die Tour
mit Kind und Kegel

VENEDIG – GRADO
Wo die Mücke sirrt

Wo die Mücke sirrt

Nach fast zwei Stunden Fahrt erreichten wir die knapp vier Kilometer lange Dammstraße, die uns auf die Küstendüne und somit in die Stadt Grado führen sollte. Die Straße schien wie eine endlose Brücke, die das Festland mit der Sonneninsel verbindet.

Unser gewählter Campingplatz wirkte sehr professionell und groß. Ganz anders als bei unseren vorigen Übernachtungen. Vielleicht am ehesten vergleichbar mit dem ersten Platz am Gardasee. Auf dem Camping al Bosco gibt es, wie der Name schon verrät, einen tollen alten Baumbestand, also viel Grün, und die Lage direkt am Strand erschien uns wunderbar. Wir durften uns auch hier einen freien Platz aussuchen und entschieden uns für einen großen Eckplatz. Erst als wir alles ausgepackt hatten, bemerkten wir, dass unsere Ecke anscheinend für viele Camper eine Abkürzung zu den Sanitäranlagen war. Somit hatten wir ständig Besucher, die unseren Platz kreuzten. Wir verteilten den ganzen Tag über viele „Hellos" und „Ciaos".

Tipp: Wenn die Platzwahl mal nicht so gelungen ist (mehr ab Seite 191): Beim nächsten Mal seid ihr schlauer!

Da die Stellplätze meist gut einsehbar sind, weil die Parzellen nur vereinzelt durch Bretterkonstrukte abgetrennt werden, entschieden wir uns für den Aufbau des Vorzeltes (für mehr Privatsphäre). Schon beim Aufbau bemerkten wir die ersten Mücken, die Kinder waren schon Opfer geworden. Riesige Stechmücken! Zum Teil sogar große Tigermücken, die nur schwer zu verscheuchen waren. Ich ahnte Schlimmes. Zum Glück hatten wir Mückensprays mit über die Alpen geschleppt. Eigentlich sind wir keine Freunde davon und versuchten es noch eine Stunde auszuhalten, aber dann wurden auch wir schwach. Die Dämmerung schritt voran, im Zuge dessen fielen immer mehr Mücken ein ... Und so entschieden wir uns auch noch für Mückenspiralen, die wir im Campingladen vor Ort kaufen konnten. (**Tipp:** Immer genau hinschauen, was die anderen so an Equipment haben; Ab-

STILECHT MIT MÜLLTÜTE

Campingalltag ist weder instagram-
tauglich noch heimelig. Das ist
die nackte Wahrheit!

GRADO als einer der traditionsreichsten Badeorte Italiens liegt an der Nordküste der Adria auf einer Küstendüne, die auch als Sonneninsel oder Goldinsel betitelt wird. Die malerische Altstadt Grados und die „goldenen" Strände ziehen im Sommer Tausende Touristen an.

BUNTES GRADO

Der Stadthafen von Grado bietet eine
tolle Fotokulisse mit traditionellen
Fischereiutensilien und Booten, die
in engen Kanälen liegen.

gucken ist beim Campen mehr als erlaubt!). Die Spiralen hatten wir schon
häufiger bei Nachbarn erspäht. Man
zündet sie an, der Rauch hilft durchaus ein bisschen gegen die Plage. Die
beiden Kids sprühten wir ebenso wie
uns von unten bis oben ein – so waren
wir bereit für den ersten Abend.

VOLLGESPRÜHT
UND EINGENEBELT

Nicht die Meeresluft, sondern der
chemische Duft der Antimücken-
spirale umgab uns also, während wir
versuchten, einen Kaffee zu genießen.
Zumindest stand das Vorzelt, und alle
Sachen waren im Packzelt verstaut, die
Betten waren bereit. Sogar zwei passende Bäume für unsere Hängematte
hatten wir ausfindig machen können.
So baumelten die Kids das erste Mal
auf der Tour selig in der Matte. Die
Mücken ließen wir trotzig Mücken
sein, wir schauten noch am Strand
vorbei und entschieden uns zum
Tagesausklang, dem Restaurant des
Campingplatzes eine Chance zu geben: mit Blick auf den Strand. Das Essen war wirklich super, aber auch richtig teuer. Als Nachbarn hatten wir zwei
ältere Pärchen, die Champagner und
Austern schlürften. So fühlten wir uns
etwas fehl am Platz und beschlossen,
dass wir die nächsten Abende besser
stilecht am Bulli kochen würden.

Am nächsten Tag suchten wir am
Strand nach Krebsen (davon gab es
wieder richtig viele!), statteten dem
Spielplatz einen Besuch ab und die
Kinder schlossen Freundschaft mit
Gleichaltrigen. Die Sprachbarriere
macht ihnen übrigens nur wenig aus.
Jedes Kind spricht einfach in seiner

BUONGIORNO!
Wenn die Kids lange schlafen und morgens erst vom Kaffeeduft aufwachen: Das ist Urlaub. Besonders für die Eltern, versteht sich.

Sprache, man versteht sich schon irgendwie. Spätestens beim Fangen spielen weiß jedes Kind, was zu tun ist, und wir Erwachsenen stehen lachend und staunend daneben.

Der Camping al Bosco hat leider nicht nur alten Baumbestand, sondern auch Sanitäranlagen, die wirklich in die Jahre gekommen sind. Mit einer Klopapierrolle unter dem Arm über den vollen Campingplatz zu spazieren, liebe ich persönlich am allermeisten. Und das war jetzt pure Ironie! Ja, beim Campen muss man seine Ansprüche anpassen, doch auf diesem Platz „durften" wir kalte Duschen, abgebrochene Armaturen, verdreckte Spiegel, fehlende Klobrillen und -türen, Spinnen sowie Insekten (sie wurden nachts durch die beleuchteten Sanitäranlagen angezogen) oder fürchterlich pupsende Klonachbarn entspannt tolerieren. Auch das ist Camping! **Tipp:** Im Verlauf der (ersten) Campingreise wächst man rein in das neue Leben auf Zeit und gewöhnt sich an alles. Versprochen!

Trotz der Mückenplage schliefen die Kids wunderbar. Ob das an der Meeresluft lag? Das erste Mal seit Langem schafften wir es sogar, einen Kaffee zu trinken, bevor sie wach wurden. Wann passiert einem das sonst mal? Dafür schliefen wir Erwachsenen leider umso schlechter. Obwohl wir tagsüber den Bulli penibel geschlossen hielten, hatten wir nachts die Hütte voll. Voller Stechmücken, die um unsere Köpfe herum sirrten, bestimmt die ganze Nacht lang. Ich schlief sogar mit Mütze, um sie nicht hören zu müssen. Aber nichts half. Nachts war also Mückenjagd angesagt und dementsprechend kurz die wirkliche Schlafenszeit.

Dann war der Tag gekommen, an dem wir einen Spaziergang nach Grado-Zentrum unternehmen wollten. Immer am Strand entlang, hieß es. Dann würde man quasi automatisch in die Stadt fallen. Gesagt, getan. Rucksack und Buggy gepackt, wir machten uns auf den Weg: an der Promenade entlang. Das erste Stück nach dem Campingplatz war abgezäunt mit blickdichten Netzen. Eine Baustelle wahrscheinlich? Aber viel schöner wurde es nicht. Ja, wir waren an der Adria und die Strände hier sind zwar schön, aber mit Liegestühlen so vollgestellt, dass man kaum einen freien Blick auf den feinen weißen Sand genießen kann. Die Promenade und der Strand glichen einer Geisterstadt. Tatsächlich bekamen wir hier zum ersten Mal

richtig die Nebensaison zu spüren. Das Meer war zu kalt zum Baden, kein einziger Liegestuhl belegt. Niemand am Strand, keine Bude geöffnet, die Zahlhäuschen (die Strände sind in der Saison kostenpflichtig!) nicht besetzt. Ein surrealer Anblick. Dafür hatte Emil die Bahn frei, um mit seinem Laufrad die Promenade unsicher zu machen.

Grado selbst ist hübsch, es gibt eine pittoreske Altstadt und einen kleinen Fischerhafen. Sicherlich gibt es auch noch mehr zu entdecken, aber irgendwie war uns nicht richtig danach zumute. Wir spazierten lieber gegen frühen Abend wieder zurück, nachdem wir noch in einem Supermarkt eingekauft hatten. Denn am nächsten Tag hatte Emil Geburts-

HALLO VORSAISON!

Nix los an den Stränden von Grado. Trotz milder Temperaturen sind die Strände und die Promenade menschenleer und wirken ziemlich trist.

TOTE HOSE

Bei diesem Anblick kann man sich kaum vorstellen, dass sich hier im Hochsommer die Badegäste stapeln.

tag: Wir wollten noch einen kleinen Kuchen, das Geschenk und natürlich Luftballons vorbereiten.

IM SCHLAFANZUG AN DEN STRAND

Am nächsten Morgen wachten wir erneut zerstochen auf. Tito konnte sein rechtes Auge fast nicht öffnen. Eine fiese Mücke hatte das Augenlid getroffen. Wie gemein! Trotzdem waren wir guter Dinge, denn heute wurde Emil vier Jahre alt. Wir hatten am Abend zuvor noch das Vorzelt mit Luftballons gefüllt, einen Schokokuchen verziert und das Geschenk platziert. Nach dem Auspusten der vier Kerzen wollte Emil unbedingt im Schlafanzug zum Strand. Geburtstagswunsch ist Wunsch und so verbrachten wir den Morgen am Strand. Später entschieden wir dann aber doch spontan, noch am selben Tag weiterzufahren. Die Mückenplage fanden wir einfach nicht mehr lustig. An die auch chemisch nicht ganz unbedenklichen Spiralen schienen sie sich gewöhnt zu haben.

Da noch einiges an Fahrtstrecke vor uns lag, würde Emil beinahe den Rest seines Geburtstages im Bulli verbringen müssen, aber das trug er zum Glück mit der Fassung eines nun Vierjährigen.

TIPPS & TRICKS

Mücke & Co
Augen zu und durch?

DIE MÜCKE IST LOS. Mückenplagen im Urlaub sind nichts Ungewöhnliches – wann ist man sonst schon so häufig draußen? Und wenn man noch am Wasser campt, wird es umso schlimmer. Viele Campingplätze sprühen mittlerweile gegen Mücken, aber ob das vorzuziehen ist: Die Chemiekeule auf dem Frühstückstisch? Wie dem auch sei: besser vorbereitet sein, als gar nichts zur Hand zu haben. Oft helfen die gängigen Mittelchen aus Deutschland nicht mehr, dann muss das harte Zeug vom lokalen Supermarkt ran. Bis dahin kann man aber immer noch mit Mückenspiralen und Kerzen kämpfen. Die gibt es meist in jedem gut sortierten Campingplatzladen. Gutes Gelingen!

Auf dem Campingplatz *CAMPING AL BOSCO* sorgt ein alter Baumbestand für viel Schatten, und die Plätze sind groß. Der Platz ist eher unkonventionell und wirkt natürlich, dafür sind die Sanitäranlagen sehr renovierungsbedürftig. Das Restaurant ist teuer, der Spielplatz ist jedoch toll und auch die gute Lage am Strand ist von Vorteil. Wenn nur nicht diese Mückenplage gewesen wäre … **www.campingalbosco.it**

HAPPY 4!

Endlich vier Jahre alt! Wir feiern
Geburtstag im Vorzelt und entern
den Strand im Schlafanzug.

Die Tour
mit Kind und Kegel

GRADO – FAŽANA
Ungeplant ins Glück

Ungeplant ins Glück

Eigentlich war als nächster Stopp ein Natur-Campingplatz in Slowenien geplant. Eigentlich. Aber unser Wettercheck ließ nichts Gutes erahnen. So entschieden wir uns nach langem Hin und Her, in ein Land zu fahren, das gar nicht auf unserer Liste gestanden hatte. Also gab es auch keine Reservierung oder Fahrplanung. Aber: auf nach Kroatien, du Perle! Als Familie besuchten wird das Land das erste Mal. In Deutschland war uns der Weg dorthin noch zu weit erschienen. Jetzt waren es nur noch knapp zwei Stunden bis zu dem Ort, der für die nächsten Tage als einziger im Sonnenschein erstrahlen sollte.

Ich schreibe hier viel über das Wetter, aber beim Campen ist man eben viel draußen. Und ohne Sonne, aber mit zwei Kindern im Bulli ist's noch mieser. Also waren wir spontan und fuhren einfach über die Grenze: hinein ins Glück, wie sich bald herausstellen sollte.

Auf unseren Handys suchten wir im Internet einen möglichst schönen Campingplatz mit Natur drumherum sowie Strand in der Nähe (wenn ihr gleich ein paar **Tipps** zu Apps und mehr haben wollt: Seite 165). Und wir sollten nicht enttäuscht werden. Die Einfahrt durch einen riesigen Pinienwald zur Rezeption des Campingplatzes Kamp Pineta nahe Fažana machte seinem Namen alle Ehre, wirkte aber zunächst eher schick als „naturbelassen". Aber wir sollten nicht enttäuscht werden. Der Campingplatz war noch leer, wir durften uns eine Stelle aussuchen und parkten mitten im Wald, im Schatten der Pinien. Wir waren dort ganz allein, bis auf zwei kroatische Omis, die mit ihren Wohnmobilen in knapp hundert Metern jeweils von uns entfernt standen. Perfekt ausgerüstet schienen sie hier den kompletten Sommer zu verbringen. Ihre Vorzelte waren mit Küchen, Kühlschränken und Polsterstühlen ausgestattet. Später sollte sich herausstellen, dass dem tatsächlich so wahr. Alle zwei Tage kam sogar die ganze Familie vorbei, es wurde kroatisch gekocht, viel gesungen und gelacht. Die Omis waren immer ganz

PINIE, OH PINIE

Im Schatten der großen Bäume lassen sich auch Temperaturen um die 30 Grad Celsius gut aushalten. Hier benötigt man auch kein Vorzelt.

fasziniert von unseren Jungs. Wir haben uns häufig mithilfe von Händen und Füßen unterhalten, während Emil mit den Enkeln spielte.

STEINIGE STRÄNDE IN KROATIEN

Aber zurück zu unserer Ankunft auf dem Kamp Pineta. Der Boden hier war sehr hart, also verzichteten wir auf den Aufbau unseres Vorzeltes, da wir unsere Heringe niemals in den Boden bekommen hätten. Oder zumindest nicht ohne viel Fluchen. Das Wetter war endlich perfekt, wir hatten keine direkten Nachbarn und so packten wir unsere „Wohin-damit-jetzt"-Sachen einfach ins Packzelt, befestigten die Hängematte zwischen den Bäumen und machten uns zum Strand auf, der fußläufig zwei Minuten entfernt und direkt am Campingplatz lag.

Fast im ganzen Norden des Landes sind die Strände sehr steinig, Sandstrände gibt es vereinzelt im tiefen Süden. Wir sahen das positiv: weniger Sand im Bulli, und das war toll! Denn das kann richtig nervig werden mit zwei Kindern, die gerne ihre Schätze horten und alles in den Bulli tragen, was ihnen gefällt – von Stöckern und Muscheln oder Steinen bis hin zu Sandwindeln ... **Tipp:** Zur Reinigung hatten wir lediglich einen Handfeger und Glasreiniger mit. Das hat prima funktioniert. Ab und an die Fenster geputzt, hin und wieder den Gummiboden gefegt. Beim Campen und Zelten gehört immer ein bisschen Schmutz dazu – und Pragmatismus. Ich persönlich brauche stets ein paar Tage, um mich wieder daran zu gewöhnen, manche können das schneller, andere

FREIHEIT

Beim Campen findet das Leben im Idealfall draußen statt. Ob zum Frühstück oder Spielen. Im Bulli ist man kaum. Außer zum Schlafen.

ABENDSPAZIERGANG

Vom Campingplatz aus bis zum
Städtchen Fažana sind es rund
20 Minuten zu Fuß, was auch Vier-
jährige locker schaffen können.

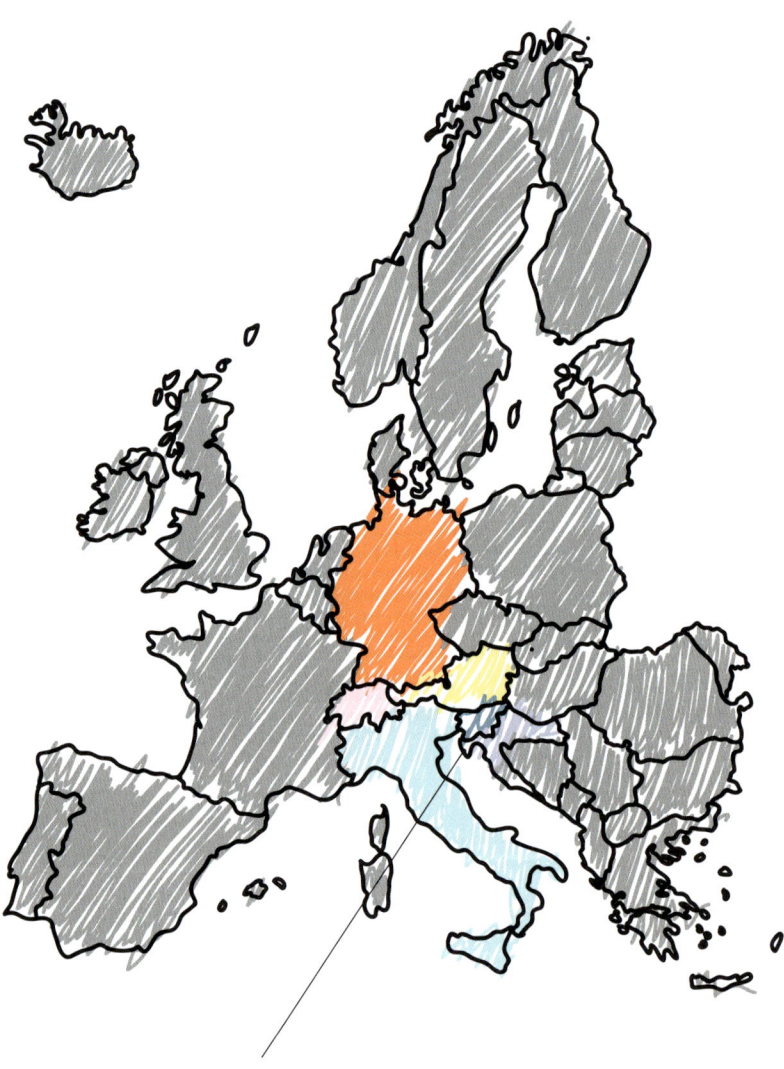

FAŽANA liegt direkt am Meer. Ein kleiner verwunschener Fischerort an der Westküste Istriens in Kroatien.
Der Ort hat einen kleinen Hafen und eine herrliche
Strandpromenade. Die Altstadt ist außerdem wunderschön und mit kleinen Kindern ist das Städtchen mit
seinen freundlichen Bewohnern genau richtig.

nie. Aber einfach ausprobieren! Früher hätte man mich mit dieser Art von Urlaub jagen können. Heute kann ich mir nichts Schöneres für den Urlaub vorstellen. Vor allem, wenn man eine Familie hat. Umweltfreundlicher als eine Flugreise ans andere Ende der Welt ist Campen in Europa außerdem.

Unsere Zeit in Fažana war so schön und erlebnisreich, dass wir auch hier spontan verlängert haben. Beinahe eine Woche sind wir geblieben und haben den Ort, seine Bewohner und somit das ganze Land in unser Herz geschlossen. Es wurde sogar endlich so warm, dass wir im Meer baden konnten! Bis spät in den Abend hinein konnten wir draußen sein, die Kinder spielen lassen und so richtig die Zeit genießen. Vom Campingplatz aus kann man in etwa 20 Minuten nach Fažana spazieren – auf der Promenade am Strand entlang. Dabei kommt man auch an den schönsten Plätzen des Campingplatzes vorbei, die direkt am Wasser liegen. Aber wirklich direkt. Bedeutet 30 Meter Luftlinie bis zum Ufer. Und natürlich inklusive Ausblick. Mit Kindern wären uns diese Stellplätze allerdings zu sonnig gewesen, hier steht kaum ein Baum. Zudem ist das Wasser so nah, dass wir mit zwei Kleinkindern lieber auf Nummer sicher gehen wollten. Unsere „Waldadresse" war genau richtig für uns.

FLEISCHLASTIGES KROATIEN

In dem Städtchen Fažana selbst gibt es unzählige kleine Restaurants am Hafen, die typisch kroatisches Essen servieren. Da findet wirklich jeder etwas, ob Groß oder Klein. Das typische Gericht in dieser Region scheinen Blitva (kroatische Mangoldkartoffeln) zu sein. Unser Kleiner hat sich quasi jeden Tag davon ernährt. Allerdings ist die kroatische Küche ansonsten sehr fleischlastig, das sollte Vegetariern oder Veganern bewusst sein.

BESTE AUSSICHT

Der Campingplatz in Fažana bietet mit seinen Stellplätzen in der ersten Reihe die beste Aussicht, dafür aber doch recht wenig Schatten.

MORGENS FRÜH IN KROATIEN

Das frühe Aufstehen um 4:00 Uhr
hatte sich gelohnt. Wir lernten viel
über Seesterne, Seeigel & Co.

Weil der Weg nach Fažana so schön und das Essen dort relativ günstig waren, haben wir gern und häufig unsere Abende so verbracht. Unterwegs kommt man an einem tollen Spielplatz direkt am Strand vorbei, der eine willkommene Abwechslung für unseren fußfaulen Großen war. Der Kleine konnte zu der Zeit noch nicht laufen und musste mit dem Buggy vorliebnehmen. Auf den Spielplatz durfte er aber trotzdem.

Nach jedem dieser leckeren Essen im Hafen sind wir noch kurz in die wunderschöne Altstadt gelaufen, um dort ein Eis auf die Hand mit auf den Rückweg zu nehmen.

Eines Abends wurden wir von einer Frau angesprochen, die uns fragte, ob wir als Familie nicht einmal Lust hätten, sie und ihren Mann morgens beim Fischen zu begleiten. Zunächst dachten wir, das wäre ein Scherz. Als wir aber gezielt nachfragten, meinte sie, dass sie das wohl öfters mit „netten" Touristen machen und sich so etwas dazuverdienen würden. So verabredeten wir uns kurzerhand für den nächsten Morgen um Punkt fünf Uhr am Hafen. Wir würden also um vier Uhr aufstehen müssen, weil der Weg dorthin etwa 30 Minuten in Anspruch nehmen würde. Wieder ärgerten wir uns darüber, dass unsere Fahrräder zu Hause in der Garage standen. Aber der frühe Morgen war erstaunlicherweise kein Problem, und so waren wir am nächsten Tag pünktlich um fünf Uhr am Hafen. Mit Sack und Pack ging's auf das kleine Fischer-

ANFASSEN ERLAUBT

Emil kam aus dem Staunen nicht mehr heraus. Er durfte alles anfassen und alle Fragen der Welt stellen. Ein tolles Erlebnis, auch für uns Eltern.

boot der Familie. Es war noch fast dunkel, aber schon recht warm. Um halb sechs waren wir bereits mitten auf dem Meer; es sollte ein fantastisches Erlebnis für uns alle werden.

Die Netze waren schon am Tag zuvor ausgeworfen worden. Die Fischersfrau erklärte uns, dass man sie nicht allzu lange unten lässt, um die Tiere, die man nicht essen kann, möglichst noch lebend wieder ins Meer werfen zu können. Trotzdem waren die beiden Fischer nicht zimperlich. Da wurde in Windeseile sortiert, getötet oder zurück ins Wasser geworfen. Dennoch nahm sich die Fischersfrau viel Zeit für uns, erklärte uns jedes Tier aus dem Netz und überreichte Emil jeden gefangenen Fisch, damit er ihn fühlen, „erleben" konnte. Es war wahnsinnig aufregend auf diesem kleinen Kutter, der die wunderschönsten Fische, Seesterne, Muscheln und Seegurken nach oben auf das Boot beförderte. **Tipp:** Sehr authentisch sieht man bei einem solchen Ausflug, wie der Alltag eines Berufsfischers

aussieht. Ein schönes, bodenständiges und interessantes Erlebnis, an das wir uns alle gern zurückerinnern.

Zurück an Land haben wir uns dann erst einmal ein kleines gemütliches Café in der Altstadt gesucht, nahmen Kaffee, Kakao und süßes Gebäck als Picknick mit in den Park und gingen dann gemütlich zurück zum Campingplatz, um den Rest des Tages faul am Strand verbringen zu können.

EIN SPIELPLATZ IN DER NÄHE IST GOLD WERT

Tipp: Der Strand sollte immer direkt vom Campingplatz aus zugänglich sein, ohne Straßenüberquerung oder Ähnliches. Dann muss man nicht immer gleich das „große Equipment" dabeihaben, kann auch mal eben zum Bulli zurück, um ein zusätzliches Handtuch zu holen oder die vergessene Sonnencreme.

Unser Campingplatz war außerdem mit einem kleinen, aber eingezäunten

Spielplatz gesegnet. So hatten die Kinder mehr Abwechslung. Der Strand bietet ja sowieso keinen Sand und mit Steinen lassen sich zwar Burgen bauen, doch irgendwann wird das auch langweilig. Emil war eine gute Zeit lang glücklich im und am Wasser, aber der kleine Tito musste über den steinigen Strand krabbeln, ohne graben und matschen zu können. Ihm war irgendwann fade und da war so ein Spielplatz in direkter Nähe Gold wert.

Der Campingplatz war ansonsten sehr sauber, die Sanitäranlagen ganz in Ordnung und der kleine Laden gegenüber der Rezeption bot alles, was das Herz begehrte. Sogar frische Brötchen am Morgen! Das Restaurant konnten wir leider nicht testen, das hatte bei unserem Aufenthalt noch geschlossen.

Nach ungefähr einer Woche war dann das gute Wetter endlich auch in Italien und weiter oben angekommen. So entschieden wir uns dazu, nach einem kurzen Tagesausflug in die wunderschöne kroatische Stadt Rovinj (mit altem Stadtkern), weiter über die Grenze nach Sistiana in Italien zu fahren. Dort hatten wir uns einen wunderschönen Natur-Campingplatz im Internet ausgesucht und waren guter Dinge. Italien: Wir kommen zurück!

TIPPS & TRICKS

Wald, Meer oder wo?
Der Stellplatz will gut gewählt sein.

SOMMER, SONNE, SONNENSCHEIN: Zu viel davon kann auch mal sein. Anfangs hatten wir uns keine Gedanken über den Stand der Sonne beim jeweiligen Stellplatz gemacht. In Fažana waren wir dann sehr erleichtert, dass wir den Platz im Wald gewählt hatten. Tagsüber kletterten die Temperaturen nämlich schon auf über 30 Grad Celsius, da wäre ein Platz direkt am Meer und ohne den Schatten eines Baumes einfach nicht vorteilhaft gewesen. Deshalb: Augen auf bei der Stellplatzwahl! Wenn der Bulli tagsüber so stark aufheizt, dass man es im Innern auch abends nur schwer aushält, ist keiner glücklich – und die Kinder können auch nicht einschlafen.

Der Campingplatz *KAMP PINETA* ganz in der Nähe des kleinen Fischereistädtchens Fažana liegt wunderschön in einem großen Pinienwald, keine drei Minuten vom Meer entfernt. Ein Spielplatz direkt am Strand und die Möglichkeit, zu Fuß in den Ort laufen zu können, machen den Platz ideal für Familien mit Kindern. Eine Perle in Istrien: **www.pinetafazana.hr**

FAŽANA – SISTIANA

Zurück zur Pizza

Zurück zur Pizza

In der hübschen Altstadt von Rovinj waren wir noch hoch zur Kirche der Heiligen Euphemia gewandert: ein schöner Blick und Abschluss. Nach der Grenzüberfahrt nach Italien machten wir Halt in Triest, um wieder der allseits beliebten Pizza zu frönen. Willkommen zurück in Italia!

Den Campingplatz, den wir uns diesmal als Zwischenstopp zu unserem nächsten Ziel Slowenien ausgeguckt hatten, lag ebenfalls in Italien. Von Fažana aus beträgt die reine Fahrzeit nach Sistiana etwas mehr als zwei Stunden, mit unseren Stopps brauchten wir fast den ganzen Tag. Eingebettet in Wald und Grün, entpuppte sich die Azienda Agricola Carso als verwunschener Ort und sollte zu den ursprünglichsten und naturbelassensten Campingplätzen zählen, die wir auf unserer Tour kennenlernten.

DER RICHTIGE STELLPLATZ WILL GUT GEWÄHLT SEIN

Wieder durften wir uns einen Stellplatz aussuchen und entschieden uns für eine terrassenartig angelegte Anhöhe, zwischen zwei Bäumen, wo nebenan schon ein niederländisches Pärchen sein Zelt aufgeschlagen hatte. Man muss dazu wissen, dass wir manchmal 20 Minuten brauchten, um uns für einen Stellplatz zu entscheiden. Oder besser gesagt, bis Michel und ich uns darauf geeinigt hatten, welcher Stellplatz es werden sollte (mehr dazu ab Seite 165).

Zudem braucht man mit kleinen Kids eine gewisse Nähe zu den Sanitäranlagen und sollte nicht zu nah an offenen Gewässern wie einem See oder dem Meer stehen. Es sei denn, die Kinder können alle sicher schwimmen oder aber man hat ständig ein Auge auf den Nachwuchs. Letzteres kann sehr unentspannt sein – welche Eltern kennen das nicht!

Auf unserer Parzelle angekommen, rangierten wir dann bestimmt hundert Mal hin und her, bis der Bulli richtig stand. Und „richtig stehen" bedeutet eine ganze Menge an Din-

NATUR PUR

Wohin man schaut, ist es grün.
Ursprünglich und einfach, aber
dafür umso interessanter für die
Kinder. Und viel Platz gibt es auch!

SISTIANA ist ein kleiner ruhiger Ort, direkt in einer
Bucht am Meer gelegen. Man hat einen tollen Blick
auf die Adria, kann an schönen Sandstränden baden
und in vielen kleinen Restaurants frischen Fisch essen.
Zwischen Sistiana und Duino gibt es den etwa 2 Kilometer langen Rilke-Weg, eine schöne Wanderung.

gen. Wir achteten etwa immer darauf, dass die Schiebetür nicht unbedingt so aufging, dass man dem Nachbarn ins Zelt fiel – oder aber in ein Erdloch. Im Idealfall gibt es vor der Schiebetür noch so viel Platz, dass man dort das Vorzelt aufbauen könnte, ohne den Platz des Nachbarn zu „bebauen" oder ihm die Sicht zu nehmen. Wenn es keinen Nachbarn gibt: umso besser. Dann stellt man sich am besten so, dass tagsüber ein wenig (nicht zu viel) Sonne Richtung Schiebetür fällt

und man eine schöne Aussicht hat. Da sich bei uns im Heck des Bullis die Küche befindet, brauchen wir dort mindestens immer einen guten Meter Platz nach hinten.

„Richtig stehen" ist also eine Wissenschaft für sich. Und nicht zu vergessen: Der Bulli muss natürlich ganz gerade stehen. **Tipp:** „Ach, nur ein bisschen schief" garantiert für eine furchtbare Nacht. Wir hatten auch anfangs gedacht, dass eine kleine

AUF EIGENE FAUST

Auch ohne Spielzeug kommt keine Langeweile auf. Beim Camping ist alles erlaubt. Stehen lernen mit dem Hochstuhl, Geschirr sortieren oder einfach die Natur erkunden.

Neigung nicht so schlimm wäre. Nach unserer „Kopfüber"-Nacht sind wir mit derartigen Kopfschmerzen aufgewacht, dass wir uns noch am selben Tag eine kleine Wasserwaage für den Bulli kauften. Mittlerweile rangieren wir unsere Edda so lange, bis sie zufriedenstellend gerade steht. Letzte Justierungen lösen wir mit Auffahrkeilen. Die gehören auf die Packliste (ab Seite 173)!

TYPISCH ITALIENISCHE POMMES-PIZZA

Dieses Mal wollten wir nur zwei Tage bleiben; wir ließen es entspannt angehen. Natur und Ruhe genossen wir, mit den Kids erkundeten wir gemütlich die Umgebung. Wir fuhren mit dem Bus (Haltestelle am Campingplatz) nach Sistiana. Das allerdings hat sich so gar nicht gelohnt. Oder aber wir haben etwas falsch gemacht. Wir stiegen an der Haltestelle „Sistiana" aus – und mussten mit Buggy die steilsten Steintreppen abwärts wackeln, ihn teilweise tragen, bis wir unten in der Bucht von Sistiana angekommen waren. Nach dem beschwerlichen Abstieg war der Anblick nicht unbedingt das, was wir erwartet (oder verdient) hatten: riesige Hotelburgen, Diskotheken und Bars aneinandergereiht, die alle noch vorsaisonal geschlossen waren. Vom Hunger

getrieben zog es uns trotzdem in eine der wenigen geöffneten Lokalitäten. Man kredenzte uns Pommes-Pizza (wirklich wahr!) und Aperol-Spritz. Typisch italienisch; lustig war es allemal. Die Pizza fiel in die Kategorie „OK". Die Kinder waren überhaupt nicht begeistert. So beschlossen wir, zügig den steilen Weg wieder hinaufzugehen, um oben in Sistiana noch etwas anderes zu essen. Fündig wurden wir, war aber nicht erwähnenswert. Und das gilt leider auch für Sistiana. Schöne Ecken blieben uns verborgen.

Dafür ist der kleine Campingplatz eine Oase. Mit Pool, Spielplatz und der ganzen Natur drumherum bietet er alles, was man sich für ein paar ruhige Tage wünscht. Die Sanitäranlagen sind einfach, sehr einfach, aber sauber. Abends tummeln sich riesige Motten im Licht der Lampen an den Waschbecken, auch anderes Getier flattert herum – das muss man aushalten. Aber spätestens, wenn man von Deutschland aus mit dem Bulli hier angekommen ist, hat man sich an solche Dinge gewöhnt.

Nach zwei Tagen und einem kurzen Stopp im Supermarkt ging es für uns dann endlich in das lang ersehnte Slowenien. Noch nie zuvor waren wir dort gewesen und unsere Vorfreude war groß.

Der Campingplatz *AZIENDA AGRICOLA CARSO* liegt idyllisch und ruhig zu einem Hof gehörig inmitten von Bäumen. Auf 10 000 Quadratmetern gibt es großzügige Stellplätze, einen Pool, einen Spielplatz und viel zu entdecken. Laut der britischen Tageszeitung *The Guardian* ist er einer der 20 schönsten Campingplätze Europas: **www.campingcarso.com**

OH PIZZA!
Kulinarische Highlights. Zugegebenermaßen war die Pizza gar nicht so schlecht, wie sie aussieht.

Die Tour
mit Kind und Kegel

SISTIANA – KOBARID

Oh, wie schön ist Slowenien

Oh wie schön ist Slowenien

Nach nur fast eineinhalb Stunden kamen wir in der Hauptstadt Sloweniens, in Ljubljana an. Wir wollten die Stadt unbedingt einmal gesehen haben und rechneten einen halben Tag ein, um dann weiter zu unserem Stellplatzziel Kobarid zu fahren. Der Campingplatz dort war schon seit Anfang an eingeplant und bereits reserviert gewesen. Jedoch hatten wir die Reservierung absagen müssen, weil wir unsere ursprünglich geplante Route mittlerweile komplett geändert hatten. Aber die Frau am Telefon versicherte uns, sieh habe noch etwas frei und wir sollten einfach kommen.

Ljubljana war wunderschön. In der hübschen Altstadt reihen sich die denkmalgeschützten Häuser aneinander, entlang des Flusses Ljubljanica, der quer durch die Stadt verläuft, säumen sich die zahlreiche Restaurants und Cafés mit schicken Terrassen. Im Herzen führt eine dreifache Brücke (Tromostovje) über den Fluss, eines der Wahrzeichen der Stadt. Wir erkundeten gemütlich die von jungen Leuten und vielen Touristen gesäumte Stadt, aßen gut in einem der Restaurants am Fluss typisch slowenisch, wo uns Ajdovi Žganci (Heidensterz) serviert wurde – ein Nationalgericht aus Buchweizenmehl, Grieben und Öl. Die Museen und kulturellen Einrichtungen mussten wir leider auslassen, da wir mit zwei kleinen Kindern keine Muße hatten, die Geduld der Slowenen und anderer Besucher auf die Probe zu stellen. Von unserer mal ganz zu schweigen: Wir waren schon im Urlaubsmodus angekommen. Als Paar wären wir sicherlich durch eine Ausstellung geschlendert, aber mit den beiden Kids im Schlepptau wollten wir lieber weiter.

Nach unserem abwechslungsreichen Stadtbummel stand uns noch eine Fahrt von knapp 2 Stunden bevor, die wir dann gegen Nachmittag antraten. Am frühen Abend kamen wir in Kobarid am Öko-Campingplatz Kamp Koren an.

Der Platz war leider nicht so leer wie uns vorausgesagt wurde, aber schon allein die Fahrt dorthin war wunderschön. Ganz „einsam" und idyllisch an dem blauen Fluss Soča inmitten eines Waldes gelegen, war alles ganz natürlich mit viel Holz und Grün angelegt. Wir fühlten uns sofort wohl. Die Rezeption war in einer rustikalen Blockhütte untergebracht und versprühte schon bei Ankunft Abenteuercharme. Die vielen Gäste mit ihren Kajaks und Kanus sahen alle so aus, als wären sie eben gerade an diesem Ort gestrandet, weil es der sein sollte und kein anderer. Alles war so richtig, richtig „Öko", aber auch authentisch. Dazu ein kaltes Bier und eine Stulle mit Wurst. Wir ließen es uns gut gehen, noch bevor wir den Bulli überhaupt geparkt und ausgeräumt hatten. Niemand hier hatte Stress, wir erst recht nicht. Die Kinder erkundeten den vorgelagerten Spielplatz, während wir auf der Karte eingehend die noch freien Stellplätze studierten.

GEMÜTLICH

Ljubljana ist jung, alt, modern, schön und unaufgeregt zugleich. Auch super entspannt und abwechslungsreich mit Kindern!

RUSTIKAL MIT KÜHLEM BIER

Wir entschieden uns für einen Platz ganz hinten in der Ecke, quasi am Waldrand. Eine Meter tiefer führte der Fluss daran vorbei. Der Weg zu den Sanitäranlagen war diesmal etwas weiter, aber das war es uns wert. So hatten wir mehr Platz und Ruhe für uns. Wir verzichteten auch hier auf den Aufbau des Vorzeltes und räumten einfach alles in das Packzelt. Mittlerweile waren wir ein gut eingespieltes Team und der „Aufbau" gelang uns in weniger als 50 Minuten. Ankommen, aufbauen hieß: den Bulli gerade parken, Packzelt aufstellen,

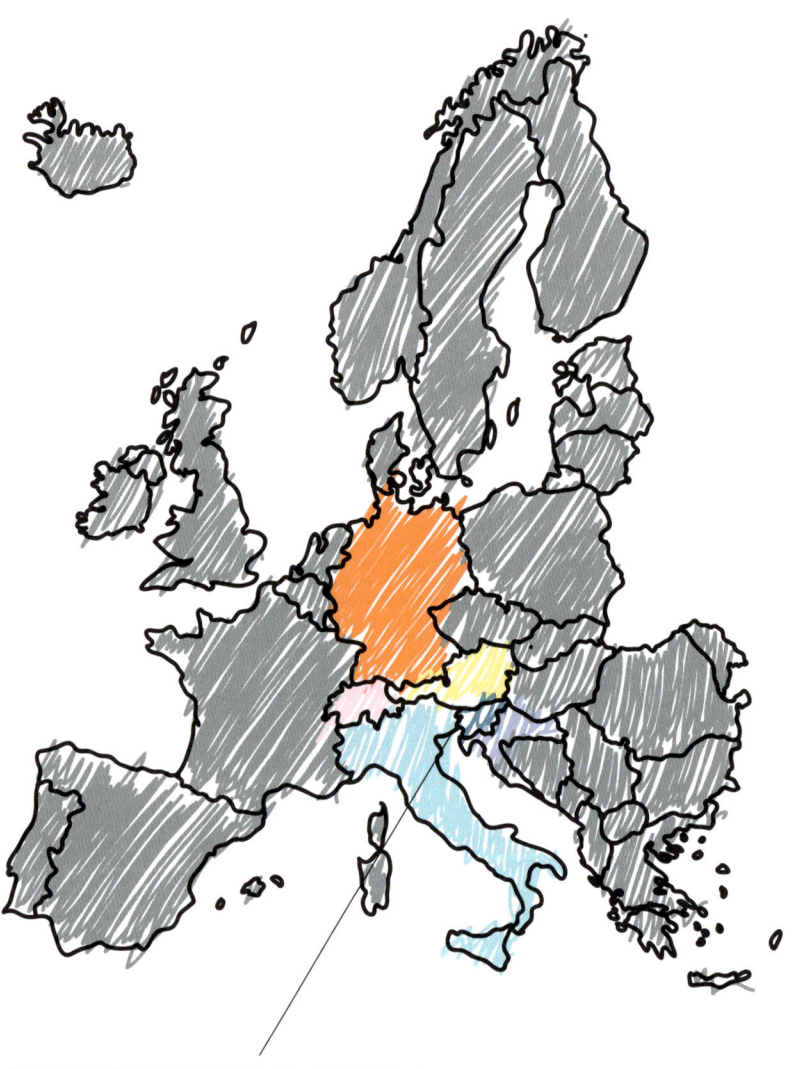

KOBARID liegt im oberen Sočatal Sloweniens. Die hübsche Kleinstadt ist beschaulich, ruhig und gut mit Kindern zu erkunden. Umgeben von den julischen Alpen und den Flüssen Nadiža und Soča bietet der Ort einen idealen Ausgangspunkt für viele tolle Unternehmungen in die Natur.

AUTHENTISCH UND BESCHAULICH

Kobarid war für uns einer der
beschaulichsten, ursprünglichsten
und authentischsten Orte, die wir auf
der Tour entdecken durften.

BLAU, BLAUER, SOČA

Die Farbe der Soča, die am Campingplatz vorbeifließt, hat uns nachhaltig
beeindruckt. Welch türkisblauer
klarer Fluss!

alles aus dem Bulli, was wir nicht im Bulli benötigten, in das Packzelt befördern, um dann im Bulli alle Betten (inklusive Schlaf- und Toilettensachen) für die Nacht vorzubereiten. Dann befestigten wir an allen vorderen Fenstern der Fahrerkabine unsere Thermomatten, um es innen kühl und dunkel zu halten.

Die erste Erkundungstour führte uns zum Ufer der Soča, das von unserem Stellplatz aus in nur drei Minuten Fußweg durchs Gebüsch zu erreichen war. Nie zuvor hatten wir einen solch klaren und türkisblauen Fluss gesehen. Nicht umsonst wird er auch Smaragdfluss genannt. Woher kommt diese intensive Farbe? Das Wasser ist stark kalkhaltig, in den zahlreichen Partikelchen bricht sie die Sonne in kurzer Welle: Ein strahlendes Blau entsteht. Das Grün mischt sich hinein mittels winziger Grünalgen. Auf dem Fluss fuhren immer wieder Leute in ihren Kajaks vorbei, die teilweise ebenfalls Gäste des Campingplatzes waren. So hatten die Kinder viel Spaß dabei, die Boote und das rege Treiben am Zugang zum Campingplatzufer zu beobachten.

Kamp Koren wurde bereits 2015 von der Tourismusvereinigung als bester Campingplatz Sloweniens ausgezeichnet: Das kann man so stehen lassen. Der Platz war wirklich schön, die Sanitäranlagen neu und mit allem ausgestattet, was man benötigt.

EIN PLATZ MIT PLATZ

Kamp Koren war trotz Vorsaison sehr voll, aber wir hatten in unserer Ecke genug Platz, im Rücken den Wald.

Oberhalb des Platzes gibt es sogar die
Möglichkeit, ökologisch gestaltete
Holzhäuser („Eco Chalets") für bis zu
sechs Personen zu mieten und für den
„Glamping-Urlauber" gibt es Holzhüt-
ten für bis zu zwei Personen, in denen
man (nicht nur) durch eine riesige
Glasscheibe die Natur beobachten
kann. Auf diesem Platz findet wirklich
jeder Naturliebhaber sein persön-
liches Nest.

Dennoch war er uns etwas zu voll –
und das schon in der Nebensaison.
Das führte auch am Morgen dazu, dass
man an den Sanitäranlagen anstehen
musste. Und das ist für mich persönlich ein Graus. Dafür konnte man in
dem Tante-Emma-Laden des Platzes
Bioprodukte aus der Region kaufen,
darunter richtig guten Käse. Apropos
Biolebensmittel: Bei unserer ersten
Wanderung, die wir vom Campingplatz
aus zum Kozjak-Fall unternommen haben, kamen wir auf dem Weg an einer
Imkerin vorbei, die mitten im Wald
ihren kleinen Honigstand aufgebaut
hatte. Natürlich haben wir uns zwei
Gläser des angepriesenen Biohonigs
aus der Region gegönnt, um am Abend
ein ganzes Glas davon mit frisch ge-
backenem Biobrot aufzuessen.

ÜBER STOCK ...

Mit zwei kleinen Kindern zum
Wasserfall: problemlos. Statt 40
Minuten braucht man natürlich viel
länger, aber das war es wert!

WANDERUNG
MIT BÄRENHÖHLE

Aber zurück zur Wanderung. Der
Kozjak-Fall ist ein wunderschön
gelegener Wasserfall, der, in einer
Halbhöhle eingebettet, zu einem der
größten und schönsten Wasserfälle
Sloweniens gehört. Die Wanderung
wird mit 30–45 Minuten Fußweg
angegeben, mit zwei Kindern ist man
deutlich langsamer unterwegs. Wir

... UND ÜBER BRÜCKE

Auf unserer Wanderung treffen wir
auf eine der vielen Hängebrücken,
die über die Soča führen. Wahre
Abenteuerwege für Groß und Klein!

benötigten knapp eineinhalb Stunden, hatten allerdings einen Abstecher über eine lange Hängebrücke mitgenommen, die in eine ganz andere Richtung führt, erkundeten zwei „Bärenhöhlen" mit dem Großen, sammelten Stöcke und Steine, bestaunten Blumen und andere Pflanzen. Den Kleinen hatte Michel in der Kraxe auf dem Rücken. Von einem einfachen Buggy ist abzuraten – besonders der letzte Teil bis zum Wasserfall, der aus teils rutschigen Holzwegen und größtenteils schmalen Stegen besteht, ist damit nicht zu meistern. Aber der Blick auf den Wasserfall lohnt sich – der ist wirklich einmalig!

Leider garantiert der Hinweg mit einem großartigen Ziel nicht die Rückkehr … Dazu mussten wir den Großen teils mit Gummibärchen locken und oft zum Weitergehen animieren, aber insgesamt machten die Kids gut mit, auch weil die Tour sehr abwechslungsreich ist.

BESCHAULICHES KOBARID, MIT STIEFMÜTTERCHEN

Auch Kobarid, etwa fünf Minuten fußläufig vom Campingplatz entfernt, ist einen Besuch wert. Ein hübscher kleiner und vor allem authentischer und ursprünglicher Ort. Ein wenig verschlafen, dafür ruhig und ganz gemütlich. Wir gingen die Hauptstraße entlang, bestaunten die hübschen Häuser und Lädchen, kauften die obligatorischen Postkarten und spazierten kurz in das Kobarid-Museum, um im Hofcafé bei Kaffee und Limo unseren Lieben in der Heimat zu schreiben. In einem kleinen Souvenirgeschäft erstanden wir unseren

ersten Aufkleber für Edda: Slowenien als Umriss: „Wir waren hier!" Dabei kam uns die Idee, aus allen bereisten Ländern einen Aufkleber für Edda zu besorgen. So würde sie vom Transporter immer mehr zu unserem persönlichen Reisemobil mit Geschichte. Der Gedanke gefiel uns.

Der Herr in dem Souvenirladen war so angetan von den beiden Kindern, dass er ihnen spontan zwei Spielzeugautos schenkte. Die Kinder hatten die kleinen bunten Autos neben ausgeblichenen Postkarten und krummen Spazierstöcken liegend schon im Schaufenster bestaunt, aber wir wollten sie ihnen nicht kaufen. Das hatte der Mann wohl bemerkt und wollte den Jungs eine Freude machen. Die Autos erinnern uns bis heute an diese schöne Begegnung und die Kinder spielen noch immer mit ihnen, obwohl schon ein Rad fehlt und der Lack wortwörtlich ab ist.

Nachdem wir schon fast den ganzen Ort durchquert hatten, fiel uns auf, wie merklich ruhig und fast schon besinnlich der Ort wirkte. Bis wir auf einmal bemerkten, dass es kaum bis gar keine Werbeplakate gab. Nirgends beleuchtete Reklamebilder oder riesige Anschlagtafeln. Das machte das gesamte Stadtbild viel ruhiger und eben dadurch auch so ursprünglich.

Passend zur Stimmung kehrten wir nicht in eines der schickeren Restaurants ein, sondern in eine Art Biergarten, der irgendwie sehr einladend auf uns wirkte. Die Bar Gotar entpuppte sich als ein Kleinod, wo neben unserem gewählten Tisch die Besitzerin Stiefmütterchen in die Kübel pflanzte und unserem Großen geduldig

KOBARID, DU PERLE

Klein, beschaulich, wie früher.
Das ist Kobarid. Ganz leise und
unaufgeregt. Eines unserer
weiteren Highlights der Tour.

auf Slowenisch erklärte, was sie da machte. Getrunken haben wir typisch slowenisches Bier und Limo, gegessen ein paar einfache, aber gute Paninis, die mit Liebe gemacht und serviert wurden. Fazit: Kobarid lohnt sich – vor allem mit Kindern!

AMEISEN IN JEDER RITZE

Auf dem Campingplatz bemerkten wir abends, dass unsere Kühlbox (wir hatten Strom am Platz) von Ameisen belagert wurde. In jeder Ritze saß eine. Ebenso auf unserem Tisch, den Stühlen – und das Schlimmste: im Bulli! Wir haben fast den ganzen Abend damit zugebracht, die Insekten aus

dem Bulli zu befördern. Hauptsächlich krabbelten sie auf dem Boden, aber eben auch kaum erkennbar in Spalten und unter unseren Einbauschränken. Es half alles nichts, wir verbrachten die halbe Nacht damit, zu überlegen, wie das hatte geschehen können. Am nächsten Morgen war Abreisetag, und so versuchten wir, die Ameisen weitestgehend aus unseren Klamotten und dem Packzelt zu klopfen, den Tisch und andere Möbel von ihnen zu befreien. Mittlerweile vermuteten wir, dass unser sorgfältig gewählter Platz wohl ein Ameisenhaufen war. An der Rezeption des Platzes wusste man allerdings von nichts, auch Ameisenköder gab es nicht. Wäre auch komisch gewesen in Anbetracht des sorgfälti-

OHNE WORTE

Der Blick spricht Bände. Nach Ankunft an einem neuen Ort sind erst einmal alle müde und geschafft. Dann kann man einfach nur gucken.

gen Sortiment im Biolädchen. Unsere Platznachbarn amüsierten sich, wir uns weniger.

Wieder vollgepackt bis obenhin und mit neuen Haustieren im Gepäck, brachen wir am folgenden Morgen auf. Unser nächster Stopp sollte die Rückreise der Tour einläuten. Nach nun knapp vier Wochen mussten wir uns langsam, aber sicher auf den Weg nach Düsseldorf machen; der Weg führte nun von Slowenien über Österreich zurück nach Deutschland.

In Klagenfurt wartete Camping Klagenfurt Wörthersee auf uns. Der Name war Programm. Pragmatisch und mit allem, was das Herz begehrt. Ein typischer Campingplatz – nicht mehr, nicht weniger. Was nicht schlimm ist,

aber eher weniger das, was wir persönlich als Familie bevorzugen. Das geht bestimmt vielen so und deshalb haben wir im hinteren Teil des Buches auch einige Tipps zusammengestellt.

Es dauerte nur knapp zwei Stunden, bis wir den Wörthersee erblickten und sofort (und leider) das tiefe Bedürfnis verspürten, mithilfe des Handys lauthals das Titellied der aus den 1990er-Jahren bekannten Serie „Ein Schloss am Wörthersee" anstimmen zu müssen. Unsere Kinder verstanden die Welt nicht mehr, aber den Spaß war es uns wert. Roy Black im Bulli. Jeder kennt es!

Und jetzt alle:
EIIN SCHLOSS AM
WÖÖÖRTHERSEE!

TIPPS & TRICKS

Ameisen & Co.
Wie man sich vor unliebsamen Haustieren schützt.

DAS GROSSE KRABBELN. In Slowenien hatten wir tatsächlich das Pech, auf einem Ameisenhaufen gestrandet zu sein. Unwissentlich haben sich die kleinen Tierchen über unser Essen, die Möbel und vor allem den Bulli hergemacht. Das war nicht so witzig, wie es sich jetzt anhören mag. Bei allen Touren packen wir jetzt immer Ameisenköder ein. Man weiß ja nie. Und von Freunden wissen wir, dass das nicht selten vorkommt, zumal man ja oft perfekt verpackte Lebensmittel mit sich rumfährt. Ganz abgesehen von den Essensresten, die man auch mal länger unbeaufsichtigt am Platz liegen lässt.

Der Campingplatz *KAMP KOREN* mitten in der Natur neben dem Fluss Soča bei Kobarid war auch in der Nebensaison gut besucht: alles, was man von einem Naturplatz erwartet. Dazu schöne Sanitäranlagen, gut sortierter Bioladen und eine kleine Bar, an der man Getränke und einfache Speisen bestellen kann. Einen Spielplatz gibt es auch sowie Leih-Kajaks für eine Fahrt auf der Soča: **www.kamp-koren.si**

KOBARID – KLAGENFURT

Ein Bulli am Wörthersee

Ein Bulli am Wörthersee

Tja, da waren wir. Auf dem größten Campingplatz unserer bisherigen Tour, dem Campingplatz Klagenfurt Wörthersee. Mit Minigolfanlage, Strandbad und Riesenrutsche, Hüpfburg und Riesenspielplatz, mit geräumigen und top gepflegten Sanitäranlagen, Bulli an Bulli, Wohnwagen an Wohnwagen, Zelt an Zelt. Sicherlich ein toller Campingplatz für viele, uns hat er überfordert.

Nun gut, es war nur für eine Nacht und dazu kam, das an dem Wochenende in der Ostbucht Klagenfurts, also nur zehn Minuten zu Fuß, das Kärntner Alpen Adria Hafenfest stattfand. Das bedeutete, wir konnten nach dem Auspacken und dem Aufbau mit den Kindern auf eine Art Kirmes schlendern, etwas essen, den Großen auf der Hüpfburg toben lassen und bei Schlagermusik mitsingen. Was will man mehr? Es war ein Spaß, und den machten wir gerne mit. Nur zum Wohle der Kinder, versteht sich … Es war trotz leichten Nieselregens ein lustiger Abend.

Auf dem Platz selbst verbrachten wir kaum Zeit. Nach unserer Ankunft besuchten wir ja sofort das Hafenfest. Am nächsten Tag ging es morgens weiter. Allerdings konnten wir noch die guten Brötchen aus dem Campingplatzladen genießen: nicht verpassen! Und auch den riesigen Spielplatz am Platz fanden die Kinder super, auf dem imposanten Hüpfkissen fand sogar der Kleine eine Ecke zum Austoben.

Wenn man mehr Zeit mitbringt als wir, kann man sicherlich noch tolle Erkundungstouren rund um den See und in die angrenzende Natur unternehmen. Auch eine Bootsfahrt ist mit Kindern bestimmt spannend. Und Klagenfurt ein schönes Städtchen, das man sich als Familie gut anschauen kann. Wir hätten auch gerne noch das große Strandbad mit Riesenrutsche und großer Liegewiese getestet. Leider war das Wetter nicht ganz so günstig, und wir wollten ja sowieso schnell weiter nach Deutschland fahren. Vorher war noch ein Stopp in Salzburg geplant, wo wir noch nie gewesen waren.

In Deutschland war unser nächstes Ziel ein weiterer See, der Chiemsee. Hier schloss sich der Kreis: Bodensee, Comer See, Gardasee, alles mehr oder minder mit Sonne oder Regen, dann schöne Tage am Meer und Fluss. Die Seenthematik bildete quasi den roten Faden unserer Tour. Nur hofften wir natürlich auf besseres Wetter als zu Beginn unserer Reise.

Aber zunächst sollte es nach Salzburg gehen. Die Fahrt dauerte knapp drei Stunden und so kamen wir dort gegen Mittag an – Österreich verwöhnte uns nun mit herrlichem Sonnenschein.

EIN KIND AM WÖRTHERSEE

Der See ist wunderschön, die Umgebung herrlich. Wir waren allerdings nur eine Nacht dort: Wir kommen noch mal wieder!

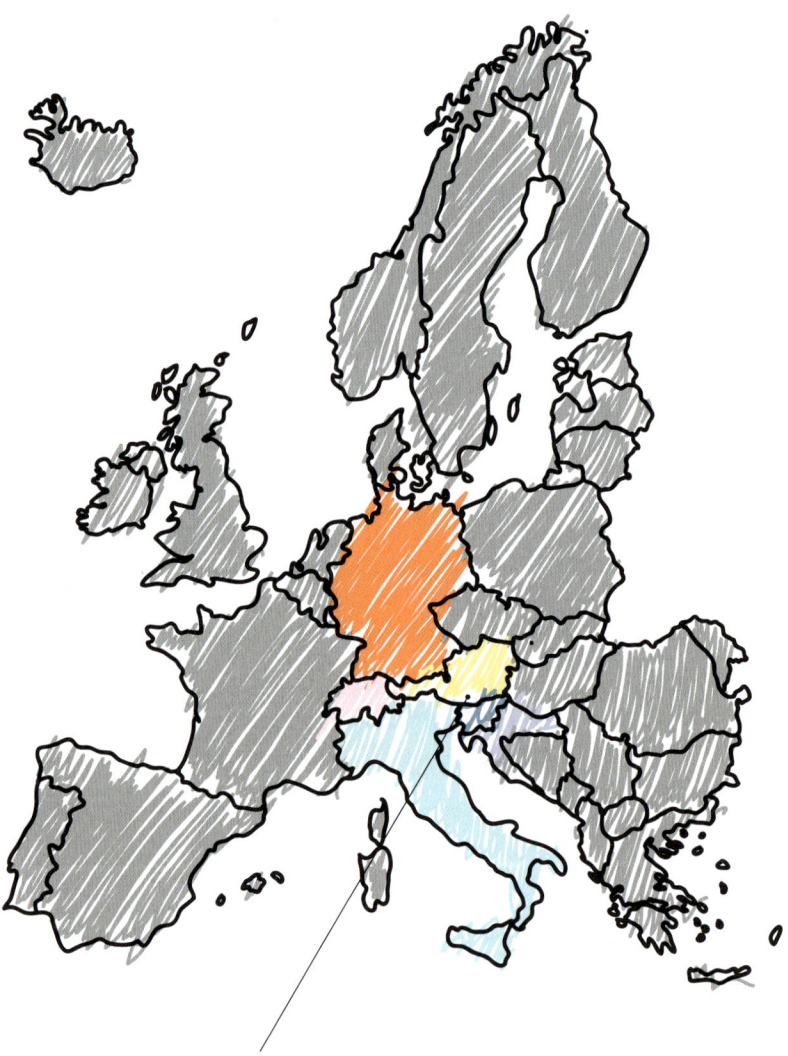

KLAGENFURT am Wörthersee ist die Landeshaupt-stadt des österreichischen Bundeslandes Kärnten. Aufgrund ihrer Nähe zu den Bergen und der Lage am See bietet die Stadt etliche Möglichkeiten der Frei-zeitgestaltung. Mit seiner wunderschönen Altstadt gilt Klagenfurt als Renaissance-Juwel mit südlän-dischem Flair.

DER WEG IST DAS ZIEL

Unterwegs unter seinesgleichen.
Auf der Autobahn werden mit den
Kindern auch schon mal andere
Bullis und Wohnwagen gezählt.

TIPPS & TRICKS

Langeweile?!
Nö.

LANGEWEILE GIBT ES NICHT Längere Fahrten auf der Autobahn können langweilig werden. Vor allem für Kinder. Wenn Musik, Zeitschriften, Bücher und alles Spielzeug der Welt nicht mehr helfen, müssen halt auch mal die klassischen Spiele wie „Ich-sehe-was-was-du-nicht-siehst" oder „Bulli-zählen" herhalten. So kann man mit viel Spaß weitere 20 Minuten überbrücken – bevor dann doch irgendwann das Tablet oder Handy herhalten muss.

CAMPINGPLATZ KLAGENFURT AM WÖRTHERSEE Riesig, aber auch gut organisiert. Mit großem schönen Strandbad, vielen Spielmöglichkeiten für Kinder und sauberen Sanitär-anlagen. Alles, was das „durchschnittliche" Camperherz be-gehrt: **www.camping-woerthersee.at**

KLAGENFURT – CHIEMSEE
Zwischenstopp mit Trampolin

Zwischenstopp mit Trampolin

Liebe auf den ersten Blick: Salzburg. Da wir etwas außerhalb geparkt hatten, „durften" wir einen längeren Spaziergang an der schönen Salzach entlang machen. Auf der Promenade fand zur Zeit unseres Besuches der Kunstbasar Salzachgalerien statt. Die bunten Stände begeisterten die Kinder und uns. Als wir dann noch den großen Spielplatz Franz-Josef-Kai an der Promenade entdeckten, war die Freude besonders groß. Ein abwechslungsreich angelegter Spielplatz mit einer tollen Aussicht für die Eltern auf den Fluss und den Ursulinenplatz mit schönen alten Häusern, die aussehen, als wären sie in den Mönchsberg dahinter hineingebaut worden.

Die Altstadt Salzburgs ist ebenfalls zauberhaft. Überall schöne gepflegte Altbauten, Menschen in traditionellen Trachten und an jeder Ecke die Verlockung der berühmten Mozartkugeln. Natürlich mussten wir die auch probieren – und ganz traditionell in einen Biergarten einkehren, um typisch österreichischen Kaiserschmarrn, vorher noch Knödel und Schnitzel zu verspeisen.

Am späten Nachmittag kamen wir nach knapp einer Stunde Fahrt und der Überquerung der Grenze auf unserem Campingplatz am Chiemsee an. Wie auch am Wörthersee war es hier groß, voll und eher unpersönlich. Dennoch war der Chiemsee Camping Rödlgries sauber, das Personal freundlich und auch für die Kids gab es einiges, zum Beispiel ein Trampolin und eine Hüpfburg zum Austoben.

Da wir nur eine Nacht gebucht hatten, konnten wir leider nicht mehr die Möglichkeit nutzen, im See baden zu gehen. Der Badestrand liegt jedoch direkt am Platz und soll sehr schön sein – und für Familien ideal.

POMMES UND SCHACH AM CHIEMSEE

Wir räumten wegen des nur kurz geplanten Aufenthaltes unsere Edda nur minimal aus und um. Nun waren wir schon so gut darin, dass wir auch die Minimalversion beherrschten. Abends kehrten wir in dem einfachen Restaurant auf dem Platz ein, freuten uns über die obligatorischen Pommes frites und übten uns danach auf dem gegenüber der Gaststätte liegenden Schachplatz im „königlichen Spiel".

Am nächsten Morgen frühstückten wir zügig einfaches Müsli und mach-

ten uns auf nach Leipheim. Hier hatten wir einen schönen Bauern- hof-Campingplatz reserviert, auf den wir uns alle riesig freuten. Und dort sollten wir auch wieder ein paar Nächte länger bleiben; das ist bei einem guten Platz dann doch ent- spannter. Gleichzeitig aber war es auch unser vorletzter Stopp, bevor wir wieder zurück nach Hause fahren mussten.

SALZBURGER SCHÖNHEIT

Romantisch, alt, traditionell und wunderschön. Dazu eine Mozartkugel für jeden und der Tag gehörte mit zu den schönsten der Tour.

CHIEMSEE Er ist der größte See Bayerns und liegt eingebettet in eine herrliche Voralpenkulisse nur einen Katzensprung von der österreichischen Grenze sowie der Stadt Salzburg entfernt. Die Region ist also ideal gelegen und wunderschön zum Urlaubmachen – vor allem für Familien.

ES IST LIEBE ...

... die Liebe zur Natur. Unterwegs mit dem Bulli bleibt einem gar nichts anderes übrig. Das Schöne: Man entdeckt immer wieder Neues!

**CHIEMSEE CAMPING RÖDLGRIES** ist zwar groß, aber sauber und gut durchdacht. Der schön angelegte Badestrand ist perfekt für Familien, auf dem Platz laden Trampolin und Hüpfburg die Kinder zum Austoben ein. Das Essen in der Gaststätte des Platzes ist super und auf dem großen Schachplatz gegenüber kann man fleißig die besten Züge üben – auch mit der ganzen Familie: **www.chiemsee-camping.de**

Die Tour
mit Kind und Kegel

CHIEMSEE – LEIPHEIM … UND ZURÜCK

Verliebt. Verlobt. Verlängert

Verliebt. Verlobt. Verlängert.

Nach etwa zweieinhalb Stunden gemütlicher Fahrt bei Sonnenschein kamen wir auf dem Schwarzfelder Hof in Leipheim an. Es herrschte reges Treiben; trotz Nebensaison war schon einiges los, aber wir hatten zum Glück reserviert und durften einen Platz mit direktem Zugang zum Schwimmteich beziehen. Ein Traum. Einer der besten Stellplätze, die wir auf der gesamten Tour hatten. Die Kinder waren sofort Feuer und Flamme, weil es allerhand zu entdecken gab.

Auf dem Schwarzfelder Hof stehen Familien im Mittelpunkt, und das merkt man. Beim Rückblick auf all unsere bisherigen Übernachtungen fiel uns auf, dass die Campingplätze und Bauernhöfe in Deutschland einfach das größte Angebot für Kinder bieten. Vielleicht war es Zufall, aber nur zu Beginn unserer Tour hatten wir bei Familie Kramer in Oberteuringen am Bodensee ähnliche Erfahrungen wie auf dem Schwarzfelder Hof gemacht. Danach gab es auf keinem weiteren Campingplatz mehr so viele verschiedene Spielmöglichkeiten und Angebote für die Kids.

HIER KOMMEN ALLE AUF IHRE KOSTEN

Der Schwarzfelder Hof bietet neben den Stellplätzen für Bullis und Wohnwagen außerdem noch Zeltplätze, Ferienwohnungen, ein Heuhotel und sogenannte Schlaffässer an. Auf dem Hof selbst, der zu Fuß in drei Minuten erreicht ist, gibt es für die Kinder eine riesige und kreativ ausgebaute Spielscheune, Tiere zum Streicheln, die Möglichkeit, im Heu zu toben und sogar Ponyreiten. Das Highlight ist die Tierfütterung, an der die Kinder ein Mal täglich teilnehmen dürfen. Zum Abschluss gibt es eine Süßigkeit. Hier ist alles ganz familiär und ungezwungen, eingebettet in schönster Natur neben mehreren Baggerseen, in denen man baden kann. Es gibt einfach nichts, was es nicht gibt. Und auch die Erwachsenen kommen nicht zu kurz. Gemütliche Leseecken, abwechslungsreiche Imbissangebote,

PARADIES AM SEE

Den eigenen Zugang zum See. Mit
Bank! Mit Sonne. Unbezahlbar und
unsere Vorstellung vom Glück!

ein schöner Hofladen, der auch einen Brötchenservice bietet, bis hin zu den abendlichen Lagerfeuern, wo man hofeigene Produkte grillen kann. Hier wird jeder glücklich – und das waren wir von der ersten Minute an.

Die Kinder wollten nach unserer Ankunft direkt ins kühle Nass springen. Also testeten wir bei schönstem Wetter zunächst den Schwimmteich, in den wir nur hineinfallen mussten. So vertrödelten wir den ganzen Tag am Wasser und ließen den Abend am Lagerfeuer ausklingen, über dem wir Würstchen und Steaks grillten. Am Feuer lernten wir eine nette Familie kennen, mit deren Tochter sich unser Großer schnell anfreundete. Diesmal gab es keine Sprachbarriere, und man merkte, wie viel sicherer und selbstverständlicher er

im Umgang mit seiner neuen Freundin war. Während er in den anderen Ländern oft ganz verunsichert und verloren unsere Übersetzungskünste in Anspruch genommen hatte, war er hier mit dem Mädchen einfach in der Spielscheune verschwunden und wurde lange nicht wieder gesehen. Ein gutes Zeichen, und wir konnten so etwas Zeit mit dem Kleinen viel intensiver genießen: Tiere streicheln, Schaukeln und den Hühnern beim Scharren zusehen. Am Schwarzfelder Hof schien die Zeit stillzustehen. Wir waren erholt wie seit Langem nicht mehr – was natürlich auch daran liegen mochte, dass wir bereits seit Wochen unterwegs waren und eine Art Grundentspannung genossen. Vielleicht war es auch der Hof, der sein Übriges dazu beigetragen hatte ...

HOFLEBEN

Die Familie betreibt auf dem Hof noch Viehzucht, Ackerbau und Grünlandbewirtschaftung. Alles also noch richtig authentisch und „zum Anfassen".

TIERISCHES TREIBEN

Ponys und Esel zum Reiten, Ziegen, Kaninchen und Katzen zum Streicheln; Hühner zum Bestaunen.

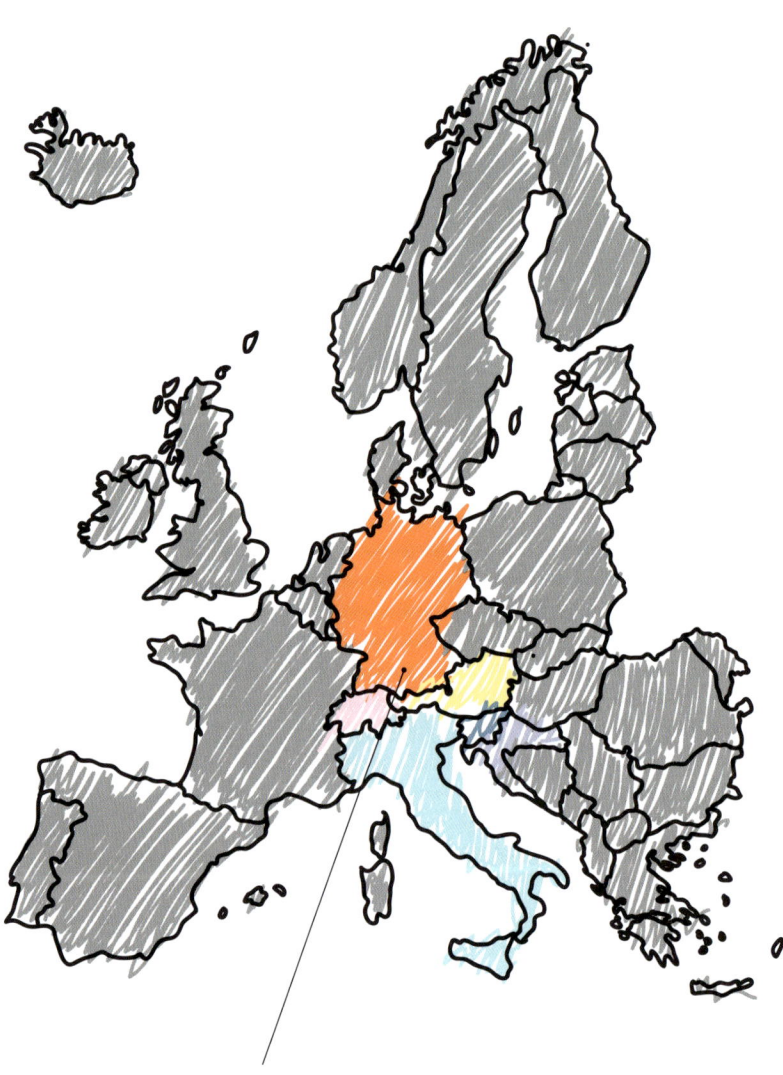

Die Kleinstadt **_LEIPHEIM_** liegt am südlichen Donau-
ufer im schwäbischen Landkreis Günzburg und gehört
gerade zu Bayern. Nebenan liegt das Naturschutzgebiet Donaumoos, eines der letzten Niedermoore in
Europa. Und ganz in der Nähe bei Günzburg liegt auch
das berühmte und einzige Legoland Deutschlands –
ein Muss für jede Familie mit größeren Kindern, wenn
man ja „sowieso" in der Nähe ist.

So vergingen die Tage ziemlich unspektakulär mit Baden, Ponyreiten, Grillen und netten Gesprächen mit netten Familien. Wir hatten weder den Drang, den Hof für einen Ausflug verlassen zu müssen, noch weiterfahren zu wollen. Wir waren angekommen, im wahrsten Sinne des Wortes. Einen schöneren Abschluss für unsere Tour hätten wir uns nicht vorstellen können und beschlossen spontan, keinen Zwischenstopp mehr auf der Rückfahrt zu machen. Somit würden wir die knapp sechs Stunden über Nacht „heizen" müssen – hatten dafür im Gegenzug aber zwei Nächte mehr in diesem kleinen Paradies, irgendwo in Bayern.

ANGEKOMMEN, IM WAHRSTEN SINNE

Dass sich in der Nähe des Hofes außerdem das einzige Legoland Deutschlands nur 15 Minuten entfernt bei Günzburg befindet, erfuhren wir zwischendurch von anderen Eltern. Wir beschlossen aber, nicht hinzufahren, da unsere Jungs noch nicht wirklich alt genug waren; bei den recht hohen Eintrittspreisen lohnt sich das erst später. Mit älteren Kindern ist es jedoch das perfekte Ausflugsziel.

Nach ein paar ereignisreichen Tagen packten wir unseren Bulli wieder und brachen am frühen Abend auf, um die Abendstunden für die Fahrt nutzen zu können – in der Hoffnung, dass die Kinder später einschlafen würden.

So fuhren wir fast sieben Stunden nach Hause zurück und waren gegen ein Uhr nachts wohlbehalten mit zwei ausgeschlafenen Kindern wieder zurück im Rheinland. Im Gepäck: bestimmt zehn Kilogramm Schmutzwäsche, offene Lebensmittelverpackungen, Nudeln, Pestogläser, H-Milch-Kartons, Wasser, Wein und Bier sowie Mengen an Souvenirs aus jedem Land, dazu Erinnerun-

ENTSPANNT AM HOFE

Auf dem Schwarzfelder Hof verbrachten wir die letzten Tage unserer Tour und konnten noch mal so richtig abschalten und genießen.

gen im Herzen, die uns keiner nehmen würde. Wir hätten noch wochenlang weiterreisen können und fühlten uns die ersten Tage zu Hause so gar nicht angekommen.

SCHWERMÜTIG ZURÜCK INS RHEINLAND

Zum Glück wurde der Kleine einen Tag nach unserer Ankunft ein Jahr alt und wir wurden schnell von unserer Schwermut durch den Besuch von Freunden und Familie abgelenkt. Konnten von unseren Abenteuern berichten und lange von den tollen Erlebnissen zehren. Die Tour hatte uns vier zusammengeschweißt. Wo wir vor der Reise noch durch den Familienalltag gehetzt sind und fast schon mehr

nebeneinander, statt miteinander gelebt hatten, konnten wir nach der Tour beispielsweise wochenlang nicht einmal in getrennten Schlafzimmern übernachten. Das änderte sich zwar auch wieder. Aber das Gefühl, dass uns die Reise gerade auch durch das begrenzte Platzangebot im Bulli und die Nähe zur Natur als Familie enger zusammengebracht hatte, blieb bis heute und wurde durch jede neue Tour noch bestärkt.

Sie hätte auch schiefgehen können, diese erste Reise im Bulli. Aber wir hatten im Großen und Ganzen Glück und sind überzeugt davon, dass es für uns als Familie die beste Reiseform ist, um Zeit und Raum sowie Erlebnisse miteinander erleben und teilen zu können.

TIPPS & TRICKS
Zu Hause ankommen.
Besser vorsorgen und ausmisten.

BALLAST ABWERFEN. Wenn es auf das Ende der Reise zugeht, sollte man zusehen, dass alle angebrochenen Lebensmittel aufgebraucht oder zumindest gekocht sind. Wenn möglich, schon mal eine Runde Wäsche waschen und beiseitelegen. Es gibt nichts Schlimmeres, als nach einer langen Reise mit unzähligen angebrochenen Nudel- und Müslipackungen, Keksen, Bier- und Weinflaschen sowie einer halb geschmolzenen Butter (wer, wir?!) wieder zu Hause anzukommen. Dazu noch zehn Wäscheladungen, ein dreckiges Vorzelt und Müll. Dann fällt das Ankommen noch schwerer, als es eh schon ist.

SCHWARZFELDER HOF Liegt wunderschön eingebettet in der Natur und in direkter Nähe zum Naturschutzgebiet Donaumoos. Dieser Hof bietet alles, was Kinderherzen höher schlagen lässt. Ob Spielscheune, Tiere zum Streicheln und Füttern oder Ponyreiten: Hier bleiben keine Wünsche offen. Auch kann man in den Seen des Hofes baden und angeln. Keine Zeit für Langeweile: **www.schwarzfelder-hof.de**

... UND TSCHÜSS

Zurück zu Hause fehlte uns
am meisten die Nähe zur Natur,
die beim Camping einfach
obligatorisch ist.

Bulli & Co.

mit Kind und Kegel

DER TRAUM VOM BULLI

Tipps zum Kaufen & Ausbauen

UNSERE „LOW-BUDGET-EDDA"

Unser Bulli war günstig und ist
selbst ausgebaut. Das muss man
natürlich wollen – mehr Komfort
geht immer.

Der Traum vom Bulli

Unsere Edda ist in diesem Buch schon durch einige Fotos gefahren. Dieser Volkswagen Transporter, Modell T4, wurde 1999 gebaut. Damit ist sie alt. Anfällig. Und das muss man wollen und sich leisten können. Erfahrungsberichte sind meistens wertvoller als jeder wohlwollende Rat, also erzähle ich euch kurz unsere Geschichte. Und auch, ob wir das alles heute wieder so machen würden.

DER TRAUM VOM „ORIGINAL"

Einen Bulli-Kauf überlegt man sich „nicht mal eben so"; die Entscheidung dafür wächst meistens heran. Angesichts des Klimawandels wurde es für uns immer weniger erstrebenswert, im Urlaub per Flugzeug zu reisen – außerdem erschien es uns mit jedem weiteren Kind immer unattraktiver, in einem eleganten, aber unpraktischen Design-Hotel zu übernachten, die schönsten, aber überfüllten Städte der Welt zu erkunden oder aber einen doch nicht ganz ungefährlichen Abenteuerurlaub in Afrika zu verbringen. Nach zwei Urlauben mit gemieteten Reisemobilen sprachen wir immer häufiger über einen eigenen VW-Bulli. Im vergangenen Urlaub hatten wir uns einen nostalgischen VW T2 gemietet und düsten damit durch Südengland (Cornwall). Im Idealfall sollte es für uns genau so ein Bulli werden.

Recht blauäugig durchforsteten wir anfangs das Internet nach einem gut erhaltenen VW T2 und merkten schnell, wie teuer so ein Gefährt ist – und vor allem wie pflegebedürftig ein altes Auto sein würde. Unser Bulli hätte keine kuschelige Garagenunterkunft, und unsere KFZ-Kenntnisse, was Reparaturen und Instandhaltung betrifft, tendieren gegen null. Wegen jeden Wehwehchens würden wir also eine Werkstatt aufsuchen müssen. Im Laufe unserer Überlegungen hatten wir erkannt: Wir würden den Bulli nur mit einem Saisonkennzeichen anmelden und ihn nur in den warmen Monaten nutzen. Zum einen, um ihn zu schonen, zum anderen, weil wir ihn im

Alltag sowieso nicht nutzen würden.

Der Traum vom nostalgischen T2 verpuffte also schnell. Der Wunsch nach einem Volkswagen nicht. Wir wollten zumindest im Punkt Autohersteller keine Abstriche machen und „ein Original" kaufen. Einen richtigen Bulli oder Bus, wie man einen VW-Kastenwagen oder -Kleintransporter nennt. Wir recherchierten monatelang; hatten uns zwischendurch schon fast für einen Mercedes Sprinter zum Ausbauen entschieden, als wir auf die Seite von Enrico Nagy aus Rostock stießen. Dort erklärt er anhand sehr offener und kurzweiliger Texte sowie anschaulicher Bilder, worauf es beim

Kauf ankommt, wie man sich für das richtige Modell entscheidet und was es bedeutet, einen VW-Bulli zu besitzen und zu fahren. Seine Erläuterungen unter **www.buschecker.de** wurden zu unserer Bibel, wir lasen uns wochenlang durch seinen Blog, machten uns Notizen, wogen ab und steckten unser Budget fest: 30 000 € für einen gut erhaltenen VW T2 (der voll ausgestattete Neuwagen T6 liegt übrigens bei um die 70 000 €) hätten wir niemals investiert. Unsere Schmerzgrenze lag bei 10 000 € für einen ausgebauten Bulli, inklusive allem.

Natürlich muss man nicht zwingend einen solchen Aufwand wie wir betrei-

„HELLO"

Ein langer Weg bis Edda zu unserem Familienmitglied wurde. Viel Recherche und Arbeit haben sich aber am Ende mehr als gelohnt.

ben: wochenlange Recherche, dabei viel diskutieren und sich informieren. Wir fühlten uns jedoch noch ahnungslos, wollten keinen Fehler machen oder wenn doch, uns hinterher nicht tierisch ärgern. Das Auto sollte uns schließlich lange Zeit erhalten bleiben und uns im Idealfall viele Wochen durch die Welt kutschieren, ohne dabei unterwegs mehrmals in die Werkstatt zu müssen.

Irgendwann waren wir so weit, dass wir auch den Kauf mit Enrico, aka der Buschecker, durchziehen wollten. Er bietet auf seinem Blog an, dass man ihm ausgewählte Angebote zusendet, die er prüft. Bei Gefallen kann er nach Absprache auch das Auto beim Verkäufer untersuchen und Feedback geben, ob sich ein Kauf wirklich lohnt.

FALSCHE KILOMETERSTÄNDE UND BILLIGE ERSATZTEILE

Sicherlich kann man einen Bulli auch selbst kaufen, aber wer Nagys Blog liest, merkt schnell, wie einfach man als Laie hinters Licht geführt werden

kann. Wenn man sich mit Automechanik kein bisschen auskennt, geschieht es schnell, dass man eine absolute Rostschleuder angedreht bekommt, die kurz vor dem Verkaufsgespräch noch schnell billig überlackiert wurde. **Tipp:** Da werden Kilometerstände gefälscht, neue Motoren als Originale verkauft oder billige Ersatzteile verschwiegen. Nicht umsonst ist der VW-Bulli eines der meist geklauten Autos der Welt: Damit lässt sich gutes Geld machen.

Wir wollten alles richtig machen. Auch wenn uns dieser Extraservice etwas kosten würde. So nahmen wir Kontakt mit Enrico auf und schrieben hin und her. Er schickte Beispielfotos, die wir den potenziellen Verkäufern zusenden sollten, um vorab die Karosserie und den Unterboden auf Verschleiß zu prüfen. Im Laufe der vielen E-Mails stellte sich für uns heraus, dass für uns ein Transporter ideal wäre, den wir selbst ausbauen könnten. Ja, keine Angst vor dem Baumarktbesuch! Aber dazu später mehr.

TIPPS & TRICKS

Vier Augen sehen mehr als zwei.
Drum prüfe, wer sich ewig bindet.

DIE RUHE BEWAHREN! Bullis gibt es wie Sand am Meer – bei grenzenlosem Budget. Tausende Anzeigen im Netz, ein angebotener Bulli ist schöner als der andere. Und trotzdem sind es meist die unscheinbaren Anzeigen und Autos, die es am Ende wert sind. Also besser nichts überstürzen, sich nicht blenden lassen. Lieber genau und besser zweimal hinschauen. Wirkt der Verkäufer seriös? Beantwortet er ohne zu zögern alle Fragen? Lässt er Besichtigungen und Probefahrten zu? Und wenn man keine Ahnung von Autos hat, sollte man einen Profi um Rat fragen. Ein Freund oder auch die Autowerkstatt in der Nähe des Verkäufers, der den Bulli mal eben inspiziert. Viel Glück!

Einen gut erhaltenen und reisefertigen Bulli für unter 10 000 EUR zu bekommen, schien nahezu unmöglich. Also konzentrierten wir uns auf Transporter mit langem Radstand. Und weil ein zweites Kind unterwegs war: mit festem Hochdach. Ein Hochdach oder Aufstelldach nachträglich selbst einzubauen, trauten wir uns nicht zu. Und das von einem Profi erledigen zu lassen, hätte unser Budget gesprengt.

MIT 68 PS NICHT DIE RAKETE UNTER DEN BULLIS

So durchforsteten wir die Automobilseiten und nach einigen von Enrico zerrissenen Anzeigen wurden wir langsam immer sicherer und wussten, worauf es ankam. **Tipp:** Keine Autohäuser, keine meterlangen Texte, die irgendetwas zu verschleiern versuchen. Lieber Privatanbieter, die kurz und knapp erklären, um was für ein Fahrzeug es sich handelt und wofür es bislang genutzt wurde. Nach zwei Fehlversuchen stießen wir auf Edda. Einen weißen Transporter T4 mit fes-

tem Hochdach und langem Radstand, „nur" 130 000 Kilometer auf dem Zähler – und aus erster Hand! Bisher hatte Edda Holzfenster für einen Schreiner transportiert, nun wartete sie darauf, von uns gekauft und als neues Familienmitglied aufgenommen zu werden. Noch wusste sie nichts von ihrem Glück. Aber sämtliche Fotos, die Beschreibung und die Tatsache, dass Enrico die Anzeige und das Angebot ebenfalls für gut befand, ließ uns hoffen und träumen.

Wie heißt es so schön: Der Rest war Schicksal. Da der Transporter bei Enrico in der Nähe stand, waren die Kosten für die Besichtigung durch ihn noch im Rahmen und er fuhr mit seinem Equipment los, um den Bulli zu inspizieren. Wir hatten ihm bereits die Kaufsumme überwiesen – so konnte er vor Ort nach einer genauen Analyse und einem Telefongespräch mit uns direkt zuschlagen. Und so rief er mich während der Besichtigung an und erzählte mir von Edda, die wenige Minuten später zu

TIPPS & TRICKS

Nicht schön, aber praktisch.
Welches Modell für welche Zwecke?

ALTER VOR SCHÖNHEIT? Am Anfang unserer Suche träumten auch wir vom nostalgischen VW T2. Orange sollte er sein, mit weißem Dach … Die Realität holte uns schnell ein. Essenziell sind doch statt des Aussehens eher folgende Fragen: Welche Anforderungen muss der Bulli überstehen, wie viele Personen soll er transportieren und wie vielen einen Schlafplatz bieten können? Küche fest verbaut oder flexibel? Soll der Bulli am Berg mithalten können? Können anfallende Reparaturen finanziell oder durch eigenes Können geregelt werden? Steht der Bulli draußen? Auch im Winter? Soll der Bulli nur fürs Reisen gedacht sein oder soll er auch den Alltag stemmen? Wie hoch ist das Gesamtbudget?

SO HAPPY TOGETHER!

Nach Stunden auf der Autobahn
endlich in Rostock angekommen
und Edda in die Arme geschlossen.

unserem Bulli werden sollte. Seiner Meinung nach war der Transporter „gut in Schuss". Ein wenig Rost zwar, aber für das Alter nicht viel, und der Besitzer schien ehrlich zu sein, das Auto war gut behandelt worden. Es gab eine Beule an der Seite, die aber nicht weiter schlimm war. Unter der Motorhaube entdeckte Enrico keine Überraschungen und machte am Telefon einen zufriedenen Eindruck.

KEIN KOMFORT, ABER STANDHEIZUNG

Er erklärte uns aber auch, dass der Transporter mit einem 1.9 TD-Motor und 68 PS nicht der Schnellste sei. Außerdem gebe es keine Klimaanlage, keinerlei Komfort wie elektrische Fensterheber oder gar eine Rückfahrkamera oder Ähnliches. Dafür aber eine Standheizung. Das Ende vom Lied war, dass wir uns bereits so in den Bulli verliebt hatten, dass wir mit allem einverstanden waren. Dazu gelang es Enrico, den Kaufpreis von 4590 EUR auf 4200 EUR zu verhandeln. Am Ende des Tages waren wir Eigentümer eines T4 Transporters, kaum zu glauben! Nach Monaten der Recherche, Rechnereien und Überlegungen hatten wir nun endlich unseren eigenen Bulli für zukünftige

Touren mit zwei Kindern. Wir konnten es kaum erwarten, ihn in unsere Arme zu schließen.

Aber das sollte noch dauern. Im Oktober 2016 kauften wir Edda, „ausgehbereit" war sie erst im März 2017. **Tipp:** Wer zuerst eine Bulli-Reise plant (zumindest zeitlich) und dann den Autokauf dazwischenschiebt, wird unliebsame Überraschungen in Kauf nehmen müssen. Edda wurde über den Winter von Enricos Werkstatt auf Herz und Nieren geprüft, es wurden kleinere Reparaturen vorgenommen, die transportertypische Trennwand zwischen Fahrerkabine und Ladefläche war entfernt worden. Edda bekam eine Zweier-Rückbank verpasst, die Sitzbank in der Fahrerkabine wurde durch Einzelsitze ersetzt und es wurde ein zusätzliches Fenster in die Seitenwand gebaut. Der Innenraum war nun komplett mit Dämmstoff ausgekleidet, um nach der Abholung von uns „nur" noch abschließend ausgebaut zu werden.

LEISTE FÜR LEISTE

Das Hochdach durchgängig mit Holzleisten auszukleiden, kostete uns Mühe und Rechenarbeit.

In der Zwischenzeit hatten wir eine gebrauchte Campingbox erstanden. Dieses Wunderding vereint Küche, Bett und Stauraum in einer einzigen Box. **Tipp:** Somit konnten wir auf den aufwendigeren Einbau eines festen Bettes und einer Küchenzeile verzichten.

DER WEG IST IMMER DAS ZIEL

Als wir im März 2017 nach Rostock fuhren, um den Bulli abzuholen, waren wir aufgeregt wie kleine Kinder. Endlich stand Edda auf dem Hof der Werkstatt. Schneeweiß und fast jungfräulich wartete sie auf ihre neue

FENSTERPLATZ

Die Kinder fühlen sich wohl in
ihrer neuen „Höhle" direkt unterm
Dach mit Blick aus dem Fenster.

LOW BUDGET, ABER HIGH END

Die ersten Seitenwände für den
Schrank an der Seite des Bullis
stehen, ebenso die Klappe für den
Stauraum über der Fahrerkabine.

Familie: uns! Enrico erklärte uns zunächst im Detail, was die Werkstatt gemacht hatte, bis wir sie endlich Probe fahren durften. Ungewohnt, so ein vergleichsweise großes Auto zu fahren, aber das kannten wir schon von gemieteten Autos. Wir sind gleich am selben Abend den weiten Weg zurück nach Düsseldorf gefahren. Mit ihren 68 PS schafft Edda zwar nur maximal 120 km/h, aber der Weg ist das Ziel; wir waren überglücklich.

Zu Hause angekommen, durfte sich Edda erst einmal ein paar Tage ausruhen, bis wir die Zeit fanden, alles weitere wie Einbauschränke oder das Bett im Hochdach für die Kids zu planen. Wir verbrachten fortan fast jedes Wochenende in Baumärkten, besorgten uns Holz und anderes Material, um den Bulli auch innen hübsch zu machen. Aus den vielen Fotos, die von hübsch ausgebauten Wohnmobilen im Internet kursierten, hatten wir uns ein paar passende zur Inspiration zusammengesucht. Unser pragmatisch mit schwarzem Dämmstoff bestückter Bulli musste zunächst einmal neu verkleidet werden. Das Dach wollten wir mit Holzleisten säumen, das Bett im Hochdach sollte ebenfalls aus Holz sein. Wir benötigten Holz und Scharniere für eine Klappe vor das Fach über der Fahrerkabine und hatten noch Einbauschränke hinten neben Campingbox und Bett geplant.

Eine aufwühlende Zeit: hunderte Male vermessen, zwei Mal das falsche Holz gekauft, mehrmals versägt oder Holz aus Versehen durchgebohrt. Wir brauchten schon um die zwei Monate, bis die Campingbox installiert und

befestigt, die Wände verkleidet, die Schränke gebaut und das Bett fest genug im Hochdach saß. Dann kam uns noch die Idee, die hässlichen „Arbeitsfelgen" schwarz zu lackieren und mit Original Chromfelgen von einem alten Käfer aus den 1970er-Jahren zu versehen. Am Ende bekam Edda dann noch abschließend ein „Hello" auf die Seiten geklebt, damit sie nicht mehr ganz so nach Transporter aussah und fortan freundlich in die Welt fuhr.

Und was kostete uns der ganze Spaß? Am Ende haben wir insgesamt für das gesamte Material inklusive Campingbox etwa 1500 EUR ausgegeben. Für den Bulli 4200 EUR, für die Reparaturen, das Dämmmaterial, das Einbaufenster und Enricos Service ungefähr 3800 EUR. Somit hatten wir für einen nach unseren Wünschen ausgebauten Bulli insgesamt 9500 EUR ausgegeben und wussten genau, was wir dafür bekommen hatten. Ein gutes Gefühl.

TÜV ALS LETZTER KRAFTAKT

Der letzte Kraftakt war, unseren Transporter bei der Versicherung als „Wohnmobil" eintragen zu lassen. **Tipp:** Das hat nicht zuletzt steuerliche Vorteile und wir würden ja zukünftig mit vier Personen „reisen", statt maximal mit zwei Personen Ware ausliefern. Die TÜV-Prüfung erwies sich als nervenaufreibende Prozedur. Bei der ersten Vorstellung wies man uns lachend ab. Bis man uns abnahm, dass Edda ein Reisemobil und kein Transporter mehr war, hatten wir schon einige Male die deutsche Bürokratie verflucht! Am Ende wurde alles gut, aber es war ein steiniger Weg.

Edda ist bis heute kein einziges Mal liegen geblieben, obwohl sie nun schon lange mit uns unterwegs ist. Wir hätten es nicht besser treffen können. Sie war all die Mühen und ihr Geld wert. Wir hatten Glück und würden es immer wieder genauso machen.

Von nichts kommt nichts: Einen Haufen an Anzeigen durchforsten, sich mit dem Thema Ausbau und Materialien auseinandersetzen, Blogs gründlich lesen ... Die (teurere) Alternative ist der fertig ausgebaute Bulli; auch da muss man Glück haben und an einen ehrlichen Verkäufer geraten. Man kann sich auch an Ausbau-Spezialisten wenden, die gebrauchte (oder neue), aber bereits fertig ausgebaute Fahrzeuge verkaufen. Dann können die Preise jedoch locker das Dreifache unserer Gesamtsumme betragen.

Ein Traum wird wahr ... aber wovon träumt man eigentlich? Vielleicht ist es doch sinnvoller, sich für den Urlaub lieber Bulli oder Wohnmobil zu mieten? Das ist oft eine kostspieligere Angelegenheit, lohnt sich aber, wenn man nur wenige Wochen (und nicht jedes Jahr) unterwegs ist und den Rest des Jahres nichts mit Reparaturen, Überwinterungsmöglichkeiten, Versicherungen oder Steuern zu tun haben möchte. Vielleicht gibt es auch Freunde im Bekanntenkreis, die ihren Bulli gern mal verleihen? Man sollte sich genau überlegen, wozu man das Reisemobil braucht und was sich im Einzelfall mehr lohnt.

Wir wünschen euch viel Glück, starke Nerven und egal, ob gekauft, geliehen, Luxus oder Low Budget: Ihr werdet eine tolle Zeit haben – gute Reise!

TIPPS & TRICKS

Wer billig kauft, kauft zwei Mal.
Materialfehlkäufe vermeiden.

BITTE GENAU MESSEN! Wir haben während des Ausbaus einige Male quasi das Geld zum Fenster hinausgeworfen. Haben nicht exakt gemessen, „auf gut Glück" Holz gekauft, was nachher zu dünn war (für das Kinderbett im Hochdach), wollten alles selbst machen. Daher der Rat: immer auch mal den Holzexperten im Baumarkt oder beim Holzlager fragen, was er empfehlen würde. Blogs durchforsten und auch dort um Rat fragen. Es gibt so viele ausgebaute Bullis, viele teilen gerne ihre Erfahrungen und auch die Maße ihrer Einbauschränke, die Marken ihrer Elektrogeräte und zur Not die Zusammensetzung ihrer Matratzen. Fragen, fragen, fragen – und Geld sparen. Es gibt auch fertige Bausätze im Netz oder gebrauchte Innenausbauten auf den einschlägigen Auktionsseiten.

Routen planen *mit Kind und Kegel*

GUT GEPLANT IST FAST AM ZIEL

Volle Kraft voraus

DEUTSCHLAND

ÖSTERREICH

KROATIEN

SCHWEIZ

ITALIEN

SLOWENIEN

MÖGLICHST VIELE LÄNDER in fünf Wochen – so ungefähr sah unsere grobe Planung aus, bevor wir mit der Recherche begonnen und passende Campingplätze gebucht haben. Dabei war Google, so banal es ist, unser bester Freund. Mit der Hilfe von Google Maps steckten wir die Route und alle Orte ab und berechneten Entfernungen, um somit auch die Fahrtzeiten abschätzen zu können. Dabei muss man jedoch bedenken, dass die Fahrtzeiten für schnelles Vorankommen gelten. Rechnet also immer viel Puffer ein!

Gut geplant ist fast am Ziel

Unsere klassische Elternzeittour war für die Monate Mai und Juni geplant. Nach der Geburt unseres jüngsten Sohnes knapp ein Jahr zuvor hatten wir schon ein paar kurze Trips auf Campingplätze in die Umgebung und an die Küste der Niederlande unternommen, um den Bulli testen und gegebenenfalls kleinere Kinderkrankheiten ausmerzen zu können. Aber Edda machte alles tapfer mit. Wir rüsteten sie noch ein wenig auf, kauften das Vorzelt, eine Kühltruhe, bessere Stühle, einen Grill und wurden immer routinierter, was Packen und Planen anging.

ABENDE UND NÄCHTE VOR DEM RECHNER

Anfang des Jahres, etwa zwei Monate vor der Abreise, fingen wir mit der Planung der Tour an. Recherche ist zum Glück eine unserer Lieblingsbeschäftigungen und so verbrachten wir die Abende und Nächte vor dem Rechner, tauchten in Blogs ab, lasen Erfahrungen nach und steckten eine mögliche Route ab. So ist man eigentlich schon vorher „on the road".

Und die Frage, ob es eher Richtung Spanien und Frankreich gehen soll, ob nach England oder hoch in den Norden nach Schweden oder Norwegen, eher nach Italien und/oder Kroatien, will gut überlegt sein. Für diese Entscheidung kann man (also: können wir) Wochen brauchen – wirklich wahr. Wir versuchten uns außerdem anhand passender Campingplätze mithilfe der „Cool Camping"-Buchreihe von Land zu Land zu hangeln. Wir wussten schon, dass uns Naturplätze oder eher authentisch und familiär geführte Orte viel besser gefallen als die großen anonymen Plätze. Wir suchten uns dementsprechend die für uns schönsten und ansprechendsten Plätze aus Büchern und Empfehlungen aus dem Netz zusammen und planten eine geeignete Route drumherum.

Außerdem waren wir uns nicht sicher, ob die kleinen Plätze vorgebucht werden mussten. Auch wenn wir eher in der Vorsaison fahren würden, war uns kein Platz garantiert und wir hatten keine Lust, abends mit zwei müden Kindern auf Platzsuche gehen zu müssen. Daher planten wir mithilfe von Google die Route vor, suchten die von uns favorisierten Plätze aus den Büchern und im Netz heraus, setzten sie alle auf eine imaginäre Strecke, mussten noch ein paar Plätze und Wünsche umwerfen und so entstand langsam unsere Route durch die sechs Länder Deutschland, Schweiz, Italien, Kroatien, Slowenien und Österreich.

MAXIMAL DREI STUNDEN FAHRT AM STÜCK

Eines unserer Kriterien dabei war, dass die Orte im Idealfall nie mehr als drei Stunden Fahrtzeit voneinander entfernt liegen sollten. Auf den

DER WEG IST DAS ZIEL
Die Route sollte zumindest grob geplant sein, wenn man mit Kindern reist. Das entspannt Eltern und den Nachwuchs.

schönsten Plätzen wollten wir länger bleiben, auf den weniger schönen Plätzen, die wir nur für Zwischenstopps ins Auge gefasst hatten, entsprechend kürzer. Wir planten Städteaufenthalte als halbe Tagestrips ein und hofften, dass alle auf ihre Kosten kommen würden. Als die Route geplant und die Campingplätze grob „verteilt" waren, nahmen wir Kontakt zu allen auf, damit wir herausfinden konnten, ob wir Stellplätze reservieren mussten oder ob uns die Vorsaison gut gesinnt sein würde. Die meisten antworteten, dass wir nicht reservieren müssten, einige wollten zur Reservierung sogar eine Anzahlung – so unterschiedlich die Plätze, so unterschiedlich die Meinungen. Am Ende hatten wir um die 30 Prozent der Plätze reserviert, die anderen sollten wir spontan anfahren.

Wie in den vorangegangenen Kapiteln bereits beschrieben, mussten wir aufgrund ungünstiger Wetterverhältnisse einige Aufenthalte auch mal spontan verkürzen und haben woanders aufgrund von Schönheit und besonderem Wohlfühlfaktor spontan verlängert. Diese Spontaneität, die wir eigentlich auch kannten und die uns wichtig war, hatten wir uns beinahe selbst durch die Reservierung vieler Plätze zunichtegemacht. Das mussten wir schmerzlich schon beim dritten Stopp merken. Es regnete beinahe ununterbrochen – so dass wir früher weiterfahren mussten und spätestens ab dem Zeitpunkt war unsere ganze Planung und Reserviererei obsolet und wir hatten die Spontaneität zurück, die wir beinahe freiwillig selbst aufgegeben hatten. Also merke: in der Vorsaison muss man nicht reservie-

ren. Auf jedem Platz hätten wir noch einen Stellplatz bekommen. Vielleicht nicht immer die schönsten, aber die wären vielleicht auch ohne Reservierung schon von jemand anders belegt gewesen. Fährt man allerdings in der Hauptsaison, empfehlen wir tatsächlich die Reservierung für stark frequentierte Plätze – denn Camping wird immer beliebter, die schönsten und in Büchern und Blogs angepriesenen Plätze aber leider nicht größer.

WILDCAMPEN – EIN JEDERMANNSRECHT?

Von Freunden hatten wir im vergangenen Sommer gehört, dass sie mit ihrem Bulli sogar in der Warteschlange vor zwei Plätzen in Slowenien auf einen Platz warten mussten. Mitwartende hatten ihnen erzählt, dass sie vor dem Campingplatz übernachtet hätten, um morgens direkt unter den Ersten zu sein, die noch einen Platz bekommen würden. In der Hauptsaison kann es also sehr unentspannt werden. Alternativ kann man sich natürlich auch Länder für seine Route aussuchen, in denen man wild campen darf. Das heißt eigentlich, dass man mit seinem Zelt überall dort stehen darf, wo es niemanden belästigt. Aber auch mit einem kleinen Bulli oder Wohnmobil hat man manchmal Glück. Ein solches Wildcamping-Paradies ist zum Beispiel Skandinavien. Der Norden gilt als Paradebeispiel für freiheitsliebende Camper. In Schweden, Norwegen und Finnland gilt das sogenannte Jedermannsrecht. Dort kann ein Grundstück zwar einer Person gehören, aber es muss quasi jedem zur Verfügung stehen. Demnach darf man überall campen, egal ob am See, im Wald oder auf privaten Grundstücken – aber immer außer Sichtweite eines Privathauses. Und solange es nicht explizit verboten ist. Meistens bezieht sich das erlaubte und freie Campen auf eine Nacht und dann sollte man weiterziehen. Vorsicht geboten ist bei landwirtschaftlich genutzten Flächen und Nationalparks. Da sollte man sich mitunter immer noch einmal genau erkundigen. Wenn man mit dem Bulli oder Wohnmobil unterwegs ist, gelten noch einmal andere Regeln. Dann sollte man immer den Grundstücksbesitzer fragen oder sich aber auf Straßenränder und Parkplätze beschränken. Die sind aber zum Glück in Skandinavien meist so schön und grün angelegt, dass sie keine schlechte Alternative darstellen.

HOHE STRAFEN FÜR ILLEGALES CAMPEN

Auch in Schottland ist Wildcampen erlaubt, aber ebenso wie in Skandinavien nur für Wanderer und Radfahrer mit Zelt – und mit ähnlichen Einschränkungen. Grundsätzlich verboten ist das Wildcampen in Frankreich, Italien und Spanien. Hier sind die Camper in der Vergangenheit einfach zu fahrlässig mit der Natur umgegangen, haben Müll nicht mitgenommen oder illegal Lagerfeuer gemacht. Wenn man dort beim Wildcampen erwischt wird, hat man mit hohen Strafen zu rechnen.

In vielen Ländern Osteuropas ist Wildcampen ebenfalls nicht erlaubt, wobei Polen das etwas liberaler sieht. Rumänien ist (noch) ein Geheimtipp, da gelten nur Verbote für Naturschutzgebiete. Dennoch ist immer

AKKUS AUFLADEN

Wenn die Strecke zwischen zwei Orten zu lang ist, Zwischenstopps machen: Beine ins Meer tauchen oder Picknick machen. Wirkt Wunder!

Vorsicht geboten. Jede Region handhabt die Regeln anders, daher besser vorher bei den Einheimischen erkundigen.

In den Niederlanden und auch in Deutschland ist das Wildcampen nicht erlaubt. Aber: In Deutschland darf man mit einem Bulli oder Wohnmobil auf einem ausgewiesenen Rastplatz oder staatlichen Parkplatz stehen und „zur Erholung" einmal übernachten. Vom ADAC gibt es zu dem ganzen Thema ein Faltblatt „Freies Campen und Übernachten in Europa", auf dem man nachlesen kann, wie und wo man in welchem Land wie lange „frei" stehen darf.

Man sollte auch immer im Hinterkopf haben, dass es vielleicht mal ganz romantisch ist „frei und wild" zu campen, mit Kindern ist es aber auch nicht von der Hand zu weisen, dass ein Campingplatz mit Toilette und Dusche durchaus seine Vorzüge hat. Außerdem kann es in der freien Wild-bahn auch mal gefährlich sein. Wir haben tendenziell keine Angst und haben auch noch nie eine derartige Situation erlebt. Freunde von uns sind aber beim (illegalen) Wildcampen in Südfrankreich ausgeraubt worden. Zum Glück am Tag, als alle am Strand waren.

WIE WIRD DAS WETTER IN DEN WUNSCHLÄNDERN?

Wie auch immer ihr eure Route legen werdet: Plant die Strecken zwischen den Übernachtungsorten nicht zu lang, schiebt lieber mal eine Stadt, ein Museum oder ein anderes Highlight zum Sightseeing ein und fahrt dann weiter. Nutzt Bücher und das Internet für Tipps, fragt Freunde und Bekannte und überlegt auch, wie das Wetter in den Wunschländern bei eurer Durchreise werden könnte. Skandinavien ist beispielsweise im Frühjahr noch recht kalt, dafür könntet ihr in Süditalien und Kroatien schon Glück haben. Und jetzt auf die Plätze, fertig, planen!

TIPPS & TRICKS

Einmal in sich gehen.
Wichtige Fragen vorab klären.

FRAGERUNDE – EIN PAAR GEDANKEN:
• Wie viel Zeit haben wir?
• Wie viele Länder sind realistisch? Oder reicht sogar nur eines?
• Zu welcher Jahreszeit fahren wir und wie wird das Wetter am Zielort?
• Gibt es auf der Strecke zwischen zwei Orten evtl. ein Highlight (Stadt, Museum, Natur) für einen Zwischenstopp?
• Fahren wir in der Neben- oder Hochsaison? ›› Müssen Campingplätze reserviert werden?

PLÄTZE & PARZELLEN

Wie man die guten aufspürt

KLEIN UND IDYLLISCH

So sieht unser Platz vom Glück aus: grün, ruhig und idyllisch. Andere brauchen es lauter, größer und trubeliger.

Plätze & Parzellen

Um einen guten Campingplatz zu finden, muss man erst einmal wissen, was genau man sucht. Die Lage auf oder an der Route ist vielleicht nicht immer der entscheidende Faktor. Wer noch nie beim Campen war, muss erst Erfahrungen sammeln, also seht es locker, wenn auch mal ein „faules Ei" unter euren Übernachtungen ist.

Bald werdet ihr merken, was für euch als Familie zählt: Ist es wichtiger, dass die Sanitäranlagen neu renoviert wurden oder dass die Parzellen groß und natürlich angelegt sind? Auf die Nähe zu Gewässern achten bei kleinen Kindern! Lieber mit Pool und Kinderprogramm oder gern ganz einsam? **Tipp:** In Italien sind viele Plätze ein Agriturismo, also ein Bauernhof, der sich auf Campinggäste eingestellt hat. Dort findet man häufig wunderbares Essen! Für absolute Camping-Neulinge kommen nun Kriterien und Tipps, wie man die richtigen Plätze, und zwar die richtig guten, findet.

Auf unserer ersten Tour, bei der es mit dem gemieteten Wohnwagen, durch Kalifornien ging, wollten wir nichts dem Zufall überlassen. Was aber auch daran lag, dass die Strecken und Entfernungen in den USA ganz andere sind als die in Europa. Wenn man dort nach sechs Stunden Fahrt endlich in der Wüste ankommt, gibt es meist nur diesen einen Campingplatz und sonst im Umkreis von mehreren Kilometern keinen mehr. Somit sollte man genau wissen, wo sich geeignete Plätze entlang der Route befinden. Die Reservierung ist meist unerlässlich. Damals verbrachten wir Stunden damit, uns in amerikanischen Expertenforen Tipps und Routenvorschläge zu erbitten. Das ging so weit, dass wir sogar von Forenmitgliedern beschimpft wurden, wir sollten uns gefälligst selbst kümmern und uns keine Routen „vorplanen" lassen. Das wäre nicht im Sinne des Campings.

Tipp: Ja, es gibt sie, die Camperehre. Lieber langsam in dieses „Paralleluniversum" hineinwachsen. Manche praktizieren schon über Jahrzehnte hinweg diese Art des Unterwegsseins! Zur Erklärung muss man wissen, dass Emil damals erst acht Monate alt war. Allein deswegen wollten wir kein Risiko eingehen, gut vorbereitet sein und nicht in der Einsamkeit der kalifornischen Wüste verloren gehen. In den Foren war man jedoch von den vielen deutschen Familien und Neu-Campern genervt, wollte lieber unter sich sein, individuelle Single- und Pärchenrouten teilen. **Tipp:** Wer ein gutes Forum findet (mit der Zeit erkennt man schnell, ob sich nur Wichtigtuer oder wahre Kenner dort tummeln), der sollte sich behutsam an den Umgangston gewöhnen. Und gewisse

Sachen woanders recherchieren, wie etwa die Frage, ob man Milchpulver und Windeln aus Deutschland mit in die USA schmuggeln sollte ... Aber zurück zum Thema: Wie findet ihr „den richtigen" Campingplatz?

SICHERHEIT VS. FREIHEIT

Auf der ersten großen Tour, und dann noch mit Kleinkindern im Gepäck, will man einfach Planungssicherheit haben. Seid euch aber darüber im Klaren, dass ihr bereits reservierte, gar angezahlte, Plätze aufgrund von schlechtem Wetter oder anderen Begebenheiten auch mal absagen müsst. Oder aber es gefällt euch wo-

WIE IM EIGENEN GARTEN

So viel Platz und Ruhe bekommt man nur auf den kleinsten und feinsten Campingplätzen – und meist auch nur in der Nebensaison.

anders so gut, dass ihr gerne länger bleiben würdet. Schnell kann der schöne Plan dann durcheinandergeraten, am Ende stresst ihr euch unnötig mit Terminen. Allerdings ist es gerade in der Hochsaison und abgelegenen Gebieten von Vorteil, wenn man nicht in einer Warteschlange steht oder aber kilometerweit zum nächsten Campingplatz fahren muss. Einfacher hat man es da natürlich in Ländern, die das Wildcampen erlauben (Seite 162).

Wie man es macht, macht man es wahrscheinlich falsch. **Tipp:** Sofern ihr nicht gerade durch die Wüste Kaliforniens oder die Walachei reist, lasst euch treiben. Genau das gehört auch zum Camping dazu, muss aber tatsächlich „gelernt" werden. Legt vorher die Route grob fest und sucht euch entlang der Strecke in Abständen von zwei bis vier Stunden Fahrt für euch passende Campingplätze heraus. Dank Smartphone geht heute alles ganz spontan: Testet vorher Apps aus und entscheidet euch für maximal zwei. Es gibt auch zahlreiche kostenlose; am besten vergleicht ihr bei der Auswahl die Einträge von Campingplätzen, die ihr schon kennt oder die in eurer Nähe liegen. In der Hochsaison einen Tag vor geplanter Ankunft anrufen und nach Kapazitäten fragen. In der Nebensaison fahrt ihr einfach vorbei – meistens gibt es einen Platz. So seid ihr immer spontan genug.

24 STUNDEN GRATIS STEHEN!

Das Internet ist nach wie vor die aktuellste Möglichkeit, um sich regelmäßig über die besten und schönsten Plätze in der ganzen Welt austauschen zu können. Und das sollte man nutzen! Es gibt Hunderte von Foren, Blogs und Communitys, die gerne ihre Erfahrungen und Tipps online stellen, darüber schreiben, Empfehlungen aussprechen und Bewertungen vergeben. Angefangen beim Klassiker ADAC, der europaweit Campingplätze nach bestimmten Kriterien bewertet und darüber Campingführer herausgibt, ein Portal zur Buchung und eine App anbietet, bis hin zu ganz kleinen und individuellen Unternehmen wie dem Stellplatzführer **www.landvergnügen.de**. Auf dessen Webseite kann man ein Buch und die dazugehörige Vignette erstehen, mit der man auf über 700 Bauernhöfen in ganz Deutschland stehen darf. Und das ganze 24 Stunden gratis!

Im Grunde gibt man in der Suchmaschine einfach nur „Campingplatz" ein: Hunderte von Webseiten ploppen auf, die das pure Campingglück versprechen. Darunter mischen sich auch die ganz Großen wie beispielsweise die top aufgebaute Seite des Spezialisten ACSI (Auto Camper Service International: ein Unternehmen mit Sitz in den Niederlanden). Ob das Buchen von Plätzen, organisierte Campingreisen, Campingführer oder Apps, ACSI bietet alles – und vor allem auch die bekannte ACSI-CampingCard, die in der Vor- und Nebensaison Vergünstigungen auf vielen dem Unternehmen angeschlossenen Plätzen in Europa gewährt. Zudem gibt es noch die ClubCard, mit der man zusätzlich haftpflichtversichert ist. Eine ähnliche CampingCard gibt es auch vom ADAC und anderen Anbietern. Das Prinzip ähnelt sich, man

VON ALLEM ETWAS

Ob leer, ob voll. Wir haben alles erlebt und unsere Schlüsse gezogen: Alles hat seine Vor- und Nachteile.

zahlt einmalig für die Karte und erhält eine Reihe von Vergünstigungen.

Wir entschieden uns gegen diese Karten, denn wenn die sich lohnen sollen, muss man dementsprechend viele Plätze desselben Anbieters anfahren. Und ist somit eingeschränkter. Wir wollten bisher immer unabhängig sein. Da wir persönlich lieber kleine und familiär geführte Campingplätze und auch Bauernhöfe bevorzugen, würde sich eine solche Karte für uns kaum lohnen, wobei der ACSI auch extra eine Unterseite für sogenanntes „Klein & Fein Campen" anbietet. Schaut einfach mal durch!

FRAGEN ÜBER FRAGEN

Mal ehrlich, man könnte Monate mit der Recherche verbringen: Vergünstigungen, Preis-Leistung, Bilder im Netz, Bewertungen der Camper, kinderfreundlich, Tiere erlaubt, Nähe zum Strand, Restaurant auf dem Platz oder in der Nähe ...

Tipp: Macht euch am besten am Anfang eurer Platzsuche klar, worauf es euch ankommt. Beantwortet für euch folgende und ähnliche Fragen:

1. Mögen wir lieber die kleinen und idyllischen Plätze oder brauchen wir mehr Komfort, Infrastruktur und Trubel?
2. Lohnt sich eine Camping-Card in unserem Fall?
3. Reisen wir mit Kindern, Hund, Katze, Maus? Und was sollte der Platz dann entsprechend bieten?
4. Wo soll der Campingplatz liegen? Am Meer, im Wald, in den Bergen?
5. Wie lange möchten wir auf einem Platz bleiben?

Anfangs scheint der Berg voller Fragen unüberwindbar, doch fangt einfach mal mit der Routenplanung an. Dann sucht ihr euch grob ein paar Campingplätze aus. **Tipp:** In den meisten Apps kann man Favoriten speichern – dann habt ihr leichter Zugriff auf eure Recherchen. Somit sinkt die Ungewissheit und die Vorfreude steigt. Im Grunde ist es so, als würde man einen „normalen" Urlaub buchen, nur etwas aufwendiger und dabei viel abwechslungsreicher. Denn das, was ihr auf einer schön geplanten Campingtour erleben werdet, bietet keine Reise, die euch wochenlang an einen Ort kettet – und mag dieser noch so schön und die Ausflüge noch so vielfältig sein. Eine Tour mit dem eigenen Heim auf vier Rädern ist so spannend, aufregend und vielseitig, das bietet kein „normaler" Urlaub. Auch wenn man sich das Frühstück selber machen muss, die Kids meist nicht in eine Betreuung abgeben und man nicht das 4-Sterne-Dinner am Abend genießen kann – ein Campingurlaub

schweißt einen als Familie ganz anders zusammen und man lernt sich neu kennen.

DIE MEISTEN REAGIEREN FREUNDLICH

Wenn ihr keinen Campingplatz gefunden habt, alle belegt waren oder ihr zu spät dran seid, kann man immer noch eine Nacht auf dem Parkplatz oder am Straßenrand verbringen – oder aber auf einem Privatgrundstück anfragen. Die meisten Leute reagieren freundlich, auch die Polizisten, wenn man ihnen nachvollziehbar erklären kann, dass man keinen Campingplatz gefunden habe und auf der Durchreise sei. Dann sollte man es natürlich vermeiden, sich häuslich einzurichten, sondern den Platz für die Nacht wirklich nur zum Übernachten nutzen. Nur Mut und viel Spaß beim Planen und Recherchieren, ihr werdet es nicht bereuen!

TIPPS & TRICKS

Gut gesucht ist halb gewonnen.
Vom Glück der Vorabplanung.

WER SUCHET, DER FINDET! Lasst euch nicht von dem Angebot im Internet und der riesigen Bücherauswahl abschrecken. Wer sich schon ein bisschen mehr zutraut, fährt einfach los lässt es darauf ankommen. Irgendwo gibt es immer einen Stellplatz und wahre Perlen findet man häufig mit etwas Glück. Die grobe Suche der infrage kommenden Plätze vorab erspart jedoch viel Unsicherheit und Sucherei während der Fahrt, auf der man vielleicht anderes zu tun und zu organisieren hat – vor allem, wenn man mit Kindern verreist. Wenn man dann einfach nur die Adresse des ausgesuchten Platzes im Navi eingeben muss, ist das Gold wert. Welch Erleichterung, wenn ein Stellplatz frei ist! Denn dann kann der Urlaub beginnen.

Unsere sieben Sachen *mit Kind und Kegel*

VOM PACKEN & FINDEN

1, 2 oder 3 ... letzte Chance: vorbei

BULLI-TETRIS

Gut gepackt ist halb gewonnen –
aber bis dahin war es ein langer
Weg und viel unnötiges Übergepäck
auf den Touren davor.

Vom Packen & Finden

„Weniger ist mehr" wurde in den letzten Jahren zu unserem persönlichen Mantra, wenn es darum ging, den Bulli für eine anstehende Tour zu packen.

Zwei Wochen vor Abfahrt kam mir damals die Idee, vier mal vier unterschiedlich farbige Turnbeutel zu kaufen. Für jeden Mitfahrer also eine eigene Farbe, für jeden vier Beutel. Damit wollte ich vermeiden, dass man sich bei der Suche nach Kleidung durch mehrere Taschen wühlen müsste. Die Idee, man müsse dann beispielsweise nur noch in einem „seiner" vier grünen Beutel suchen, kam mir unheimlich ausgefuchst vor. Es gab also für jeden einen Beutel für Unterwäsche und Socken, einen für Hosen, einen für Oberteile und einen für Badezeug & Co. Das Ende vom Lied war, das am Ende der Reise alle Beutel wutentbrannt zerrissen waren, die Klamotten von allen überall zerstreut lagen und keiner mehr einen Überblick hatte. Das kostete Nerven und unnötig Zeit. Die Turnbeutelidee war also eine der dümmsten Ideen vorab.

Davon hatten wir mehrere, aber diese übertraf sie alle. **Tipp:** Wer nicht unbedingt einen Kleiderschrank im Bulli verbaut hat, packt Klamotten und auch Schuhe am besten in große Tüten wie beispielsweise die blauen vom bekannten schwedischen Einrichtungshaus. Darin lässt sich alles schnell finden, bei Bedarf umpacken und kurz mal rausstellen. Die Tüten eignen sich auch zum Sammeln der Schmutzwäsche und sind schnell mit in den Waschsalon oder an den Strand genommen. Sieht bestimmt nicht schick aus und „riecht" schon gleich nach Familienchaos. Die Alternative sind Reisetaschen, aber sie sollten möglichst weich und flexibel sein; mehrere Eingriffsmöglichkeiten per Reißverschluss zu haben, ist auch nicht verkehrt. Denn die gesuchten Kleidungsstücke befinden sich natürlich immer ganz weit unten …

DEN BULLI ZU PACKEN IST WIE TETRIS SPIELEN

Unförmige und größere Sachen unbedingt irgendwo fest einklemmen; und zwar so, dass diese Pack-version auch noch weitere 20 Male wiederholt werden kann. Mit größeren Dingen sind Fahrgeräte und Spielzeuge für die Kinder gemeint. Oder auch Stühle, Tische, Kühlbox, Grill, Hochstuhl oder Buggy. In die Schränke kommen bestenfalls nur kleinere Dinge, die ihren festen Platz brauchen, wie Besteck und Geschirr, Lebensmittel, Putzzeug, Kosmetika, Werkzeug, Utensilien für die Kinder wie Trinkflaschen, Milchpulver, Schnuller, Feuchttücher und Windeln. Der VW-Bulli hat glücklicherweise auch in der Fahrerkabine recht viel Stauraum, dort solltet ihr die „Kinder-sachen" greifbar haben (mehr dazu ab Seite 187).

Und das angepriesene Packzelt. Das quetscht man am besten neben eine Sitzbank oder dahin, wo noch Platz ist. Vor allem in den Schränken purzelt schnell alles durcheinander! **Tipp:** Schubladeneinsätze und kleine Kästchen für Besteck & Co. sind bald ihre Anschaffung wert. Gern klappert's in der Kochecke – ihr werdet bald genervt sein. Haltet lieber gleich an und verräumt alles per „Ver-keilungstaktik". Aber wie auch immer, das Packen eines Bullis kommt einem Tetris-Spiel gleich. Und das Schlimme: Wenn man nicht routiniert ist, beginnt dieses Spiel spätestens bei der Abfahrt auf jedem Campingplatz von Neuem. Aber keine Panik, nach einigen Tagen geht es besser und ihr wisst, wo welches Teil seinen Platz hat oder am besten verstaut wird. Manchmal ändert man seine ganze Strategie und findet neue Möglich-keiten. Langweilig wird es auf jeden Fall nicht!

PACKEN MIT KINDERN

Bei unserer ersten großen Tour konnten wir erst einen Tag später losfahren, weil wir das Packen mit zwei kleinen Kindern total unterschätzt hatten.

Und da bekanntlich doppelt besser hält: Räumt bei Ankunft alles Unnötige aus dem Bulli gleich in das Packzelt, das im Idealfall ein einfaches Wurfzelt ist und in Sekunden steht. Dann kommt da alles rein, was man im Bulli nicht unbedingt benötigt. Das sind meist die großen Dinge wie Spielzeuge der Kids, Buggy, Schuhe oder auch die Kindersitze, die nur während der Fahrt im Bulli sein müssen und ansonsten nur viel und unnötig Platz einnehmen!

Wir brauchten tatsächlich mehrere Touren, um zu wissen, was wir mitnehmen müssen und worauf wir getrost verzichten können. Außerdem kann man zur Not überall alles kaufen. **Tipp:** Pässe, Geldkarten und Fahrzeugunterlagen, dann kann eigentlich nichts schiefgehen. Und während wir vor unserer ersten großen Tour noch einen ganzen Tag zum Packen benötigt haben, brauchen wir heute nur noch knapp zwei Stunden. Es gibt also Hoffnung!

Das Schlimmste stellt sich gegen Ende des Packens ein: das Gefühl, etwas ganz Wichtiges vergessen zu haben. Eine Packliste hilft, denn sie sorgt auch für ein gutes Gewissen (so viele Häkchen auf einem Haufen …). Diese Listen kann man natürlich auch im Internet finden, aber es hilft auch, die eigene immer wieder zu verfeinern. Hier kommen ein paar Gedächtnisstützen:

NICHT VERGESSEN: BULLI-AUSSTATTUNG

Für den Bulli oder den Wohnwagen solltet ihr auf jeden Fall einen **Hand-** feger und ein **Kehrblech** einpacken. Was wir auf jeder Tour an Sand aus dem Bulli kehren, könnte mittlerweile einen ganzen Sandkasten füllen.

Neben den rechtlich vorgeschriebenen Dingen wie **Warndreieck & Co.** solltet ihr auch eine Werkzeugauswahl mitnehmen: **Schraubenschlüssel, Hammer, Zange** und einige **Nägel** sowie ein größeres **Taschenmesser** und eine **Taschen- oder Stirnlampe.** Man weiß ja nie; das Licht kommt auch dem nächtlichen Toilettengang zugute. Dazu kommen: **Unterlegkeile,** auf die man beim Parken auffährt, um das Heim auf vier Rädern zu nivellieren. Das bedeutet, dass man das Gefährt gerade ausrichtet, wenn der Untergrund nicht eben sein sollte. Und das kommt sehr häufig vor. Es gibt nichts Schlimmeres, als eine Übernachtung im Schrägstand (Seite 102). Wichtig sind auch **Thermomatten** für die Fahrerkabine, damit man den Bulli zum einen abdunkeln und zum anderen vor Hitze und/oder Kälte schützen kann.

Eine **Wegfahrsperre,** damit der Bulli oder das Wohnmobil nicht geklaut werden. Gerade Bullis von Volkswagen sind beliebtes Diebesgut, wegen des Bedarfs an Ersatzteilen auch ältere Modelle! Wir entschieden uns für eine einfach Pedalsperre, die sich leicht anbringen und wieder lösen lässt. Wenn wir auf einem Campingplatz stehen, wird sie kurz nach unserer Ankunft an der Pedale angebracht und erst bei Weiterfahrt wieder gelöst.

Unbedingt mit an Bord: **Abschleppseil** und **Überbrückungs- oder Starthilfe-**

kabel. Trotz eventueller ADAC-Mitgliedschaft.

ELEKTROKRAM

Neben all den elektrischen Dingen, die schon genannt worden sind, unbedingt einen **Power-Converter** für den Zigarettenanzünder einpacken, sodass Geräte wie Handy, Laptop, Tablet, Kamera und Bluetooth-Box aufgeladen werden können. Wer einen 230 Volt-Anschluss im Bulli verbaut hat, kann dies auch per Steckdose machen. Alternativ oder zusätzlich eine **Powerbank** zum Aufladen, wenn man länger steht.

Eine gute und robuste, wetterfeste **Kabeltrommel** für den Anschluss an die Stromversorgung des Campingplatzes und einen Adapter für die dreipolige CEE-Steckdose.

FREIZEIT-EQUIPMENT

Spielzeug für die Kinder, das wisst ihr am besten. Nehmt nur nicht zu viel mit; Strandspielzeug gibt es während der Tour an jeder Ecke. Empfehlenswert sind aber unbedingt **Fahrräder** und **Laufrad** für die Kids, denn damit lässt sich die Umgebung am besten erkunden!

Einen kleinen klappbaren **Grill**. Bedenkt bei der Auswahl: Häufig ist das Grillen auf Campingplätzen nicht erlaubt (der große Profigrill käme also nicht so häufig zum Einsatz) oder aber nur mit Gas (ja, da gibt es auch schon gute Geräte in kleiner Version). Auf einigen Campingplätzen gibt es extra Grillplätze, die alle benutzen können, manchmal wird die Asche vom Platzteam auch entsorgt.

Gut verpackbare **Camping-Hängematte**. Irgendwann werden sie kommen, die zwei Bäume, die den perfekten Abstand haben!

Kleine **Bluetooth-Box** für Musik und Hörspiele. Die Abende vor der Abfahrt lieber mit der Zusammenstellung von Playlisten verbringen als mit Vorbuchungen!

KLAMOTTEN & SCHUHE

Dazu gibt es nur eines zu sagen: Alles für alle für jedes Wetter. Aber nicht in dreifacher Ausführung! Einige Garnituren **Socken, Unterwäsche, Hosen und Oberteile** reichen. Unterwegs wird eben gewaschen. Zwei Runden **Badekleidung** und einen Satz **Handtücher** für jeden; ob ihr die dünnen Mikrofaserhandtücher mögt, müsst ihr selbst ausprobieren. Und da es abends und im Hinterland auch immer mal kühl werden kann, auch ein Set **warme Kleidung**.

Ach ja, Schuhe sind so ein Thema, vor allem für Frauen. Ich packe immer zu viele Schuhe ein. Die schicken Riemchensandalen kommen dann doch nicht zum Einsatz ... Es reichen wirklich pro Person ein Paar **feste Schuhe** und ein Paar **Sandalen** oder **Schlappen**. WICHTIG: **Badeschuhe** für die Duschen und steiniges Gelände am Meer. Für die Kinder eventuell noch **Gummistiefel**.

KÜCHENUTENSILIEN

Jeder hat andere Vorlieben beim Kochen, benötigt andere Hilfsmittel und Zutaten. Dennoch sollte man nicht zu viel einpacken, damit man

Das Schlafzelt für den Kleinen war eigentlich eine gute Idee, nahm aber im Bulli so viel Platz weg, dass es tagsüber nur noch als Spielhöhle diente.

den Überblick behält und die Schränke nicht unnötig vollgestopft werden. Überlegt, was ihr wirklich benötigt. Nudeln lassen sich beispielsweise mithilfe eines Topfdeckels abgießen, also wäre kein sperriges Nudelsieb nötig. Sowieso findet man beim Camping immer Lösungen für Probleme, an die man vorher nicht im Traum gedacht hätte. Wir haben zum Beispiel mal Wein mit einem Schraubenzieher geöffnet. Warum wir den Schraubenzieher im Bulli hatten, wissen wir auch nicht mehr. Merke: **Korkenzieher** ist schon essenziell. Ebenso ein **Dosenöffner, Feuerzeug und Streichhölzer**

für den Gasherd, falls nötig. Aber auf jeden Fall für die gemütlichen **Kerzen am Abend!** Ein scharfes **Schneidemesser oder Schnitzmesser** ist wichtig und ebenso eine **Schere.** Und ein **Schneidebrett.** Alles andere kann ersetzt werden. Wäscheklammern können sowohl zum Verschließen offener Packungen genutzt werden, als auch für das Aufhängen von Wäsche. Seid kreativ! Wir haben uns zum Beispiel aus Zeltheringen mal einen Aufsatz für unseren Gasherd gebaut, weil der Espressokocher nicht auf den Herd passte und meistens umfiel. Dafür gibt es natürlich auch extra Aufsätze, die wir aber unterwegs dann doch nirgendwo auftreiben konnten.

LEBENSMITTEL

Am Besten packt man Lebensmittel für ungefähr drei oder vier Tage ein, bis man wieder einen Supermarkt ansteuern muss. Nudeln und Fertiggerichte bekommt man wirklich überall. Wichtiger sind **Salz** und **Pfeffer** in einer praktischen Verpackung und passender Menge; Lieblingsgewürze, Pasten und andere Lebensmittel einplanen, die seltener zu finden sind. Sie sollten ungekühlt haltbar sein, falls ihr keinen Kühlschrank in Dauerbetrieb an Bord habt – so wie wir.

Wir packen viel **H-Milch** ein, die man im Ausland manchmal nicht so einfach findet. Außerdem nehmen wir für die ersten Tage immer **Mineral-wasser** mit. Die leeren Flaschen kann man sich bei Bedarf auch auf jedem Campingplatz wieder auffüllen.

Für uns noch: **Kaffee**! Sonst natürlich den **Lieblingstee**. Den gibt es auch im Supermarkt, aber für die ersten Tage solltet ihr entsprechend genug einpacken. Und denkt dann auch an einen **Espressokocher** oder eine **French Press** sowie einen batteriebetriebenen **Milchschäumer**.

MEDIKAMENTE

Hier kann man sich verzetteln ... Auch hier der Hinweis, dass es auch anderswo Apotheken gibt. Klassiker wie Kopfschmerztabletten oder Nasenspray muss man also nicht zwingend einpacken. Wer Kinder hat, verreist nie ohne Fiebersaft und -thermometer. Spezielle und individuelle Medika-

TISCHLEIN DECK DICH
Wir packen noch zwei Kinderstühle und einen Kindertisch ein. Darüber freuen sich die Kids immer.

mente sollten natürlich einen Platz im Bulli finden – außerhalb der Reichweite von Kindern!

Empfehlenswert sind Medikamente gegen **Reisekrankheit** und **Sprays** gegen **Mücken** sowie sonstiges Getier (denkt an unsere Geschichte mit den Ameisen: Seite 121). Denn das alles bekommt man in Deutschland noch homöopathisch und nachhaltig/ökologisch. Bei unserer Mückenplage griffen aber auch wir auf die lokalen Mittelchen zurück … (Seite 77)

Pflaster, Verbände & Co. können ja bei Bedarf dem Verbandskasten entnommen werden, müssen also nicht extra eingepackt werden.

MOBILIAR

Für jeden Mitfahrer einen **(Klapp-) Stuhl** einplanen, für die Kleinsten einen **Hochstuhl** (empfehlenswert ist da ein Modell von dem bekannten schwedischen Möbelhaus, den eigentlich alle Eltern kennen) und ein großer **Campingtisch**. Das sollte reichen. Bei den Möbeln darauf achten, dass sie möglichst zum Camping gedacht, leicht zu verstauen und robust sind. Wenn man es etwas luxuriöser mag, dürfen noch ein hübscher **Outdoorteppich** und eine **Lichterkette** mit – und wenn man noch Platz hat, **Liegestühle** für die Erwachsenen. Unsere zwei Stühle kann man bei Bedarf zu Sonnenliegen umbauen.

MUST-HAVE

Was wirklich mit muss und besser nicht vergessen werden sollte sind: **Reisepässe**, wenn es über die Grenze ins Ausland gehen sollte. Auch von den Kindern! **Personalausweise** für EU-Länder sind ausreichend. Die **grüne Versicherungskarte** (wird meistens mit der Kfz-Versicherungsunterlagen zusammen versendet), den **Kfz-Schein** und den **Schutzbrief** der Versicherung, **EC- und/oder Kreditkarte**, nicht zu wenig und nicht zu viel **Bargeld**. **Tipp:** Kümmert euch vorher darum, wir ihr in den jeweiligen Ländern kostenlos an Bargeld kommt (je nach Kreditkarte oder Bank anders, in vielen Ländern kann man mit EC-Karte an den Kassen bezahlen).

PUTZMITTEL & PUTZZEUG

Eines der wichtigsten Dinge auf einer Campingtour sind **Müllbeutel**. Jawohl, auch in Zeiten der Plastikvermeidung. Mittlerweile gibt es ja auch biologisch abbaubare Müllbeutel. Auf vielen Campingplätzen ist auch schon Mülltrennung angekommen. Der eigene Müll sollte möglichst täglich entsorgt werden (nicht nur wegen des Geruchs, sondern auch wegen der kleinen Krabbler); eher kleinere Beutel sind von Vorteil. Ein paar größere für Schmutzwäsche oder nasse Klamotten. Nach schmerzlicher Erfahrung liegen bei uns auch ein oder zwei Müllbeutel griffbereit in der Fahrerkabine: Die nächste Serpentinenstrecke kommt bestimmt! **Küchenrollen** erleichtern meist das Bulli-Leben, ebenso **Glasreiniger** und, WICHTIG: **Spülmittel**, **Spülschüssel** (gibt es im Campingbedarf auch faltbar), **zwei Trockentücher** und **Schwämme**! Schwämme (oder Tücher) braucht man immer. Zum Spülen und zum Wischen! Beides fällt unterwegs auf jeden Fall häufiger an als zu Hause – weil in den meisten Haushalten doch die Spülmaschine der beste Freund ist.

TÖPFE, GESCHIRR & CO.

Im Idealfall investiert ihr einmalig in ein hochwertiges **Camping-Kochgeschirr**, das robust ist, sich für einen Gasherd eignet und nicht unnötig lange beim Erwärmen benötigt. Es wird platzsparend verstaut. Dazu leichtes und robustes **Geschirr** und **Besteck**. Da ihr wahrscheinlich jeden Tag mehrmals spülen werdet, braucht man wirklich nur wenig und gerade mal so viel, das jede Person einen Satz Geschirr und Besteck hat. Wir mögen lieber **Gläser** zum Trinken, gönnen uns die also statt **Plastikbecher**, dazu mindestens zwei **Weingläser**. Ein bisschen Luxus muss sein.

SONSTIGES

Freunde von uns schwören auf **Ohrstöpsel**. Bulli oder Wohnwagen sind nicht schallgeschützt, und so dringt wirklich jedes Geräusch, auch bei Nacht, durch die dünnen Wände. Wir persönlich haben noch nie welche gebraucht, aber sage niemals nie! Eine **(lange!) Wäscheleine** und **Wäscheklammern**, eine Tube **Reisewaschmittel** sowie etwas **Waschmittel** (am besten hier die stärkere Flüssigvariante verwenden, auch wenn die schlechter transportierbar ist als Tabs. Waschmaschinen auf Campingplätzen sind meistens nicht die besten und wenn man auch hinterher noch dreckige Wäsche hat, ist auch keinem geholfen).

Bettzeug: Daunendecken bleiben zwar zu Hause, aber richtige Kissen

ZUHAUSE UNTERWEGS

Ob Weingläser oder das geliebte Müsli und frisch gebrühter Kaffee: unsere Minimalansprüche zum Wohlfühlen.

lohnen den „verschenkten" Stauraum. Dazu Schlafsäcke: Sie sind kompakt verräumt, schnell gelüftet und halten warm. Eine Wolldecke für ganz Verfrorene passt bestimmt auch noch irgendwo rein (kann auch zum Abschluss beim Packen über das ganze Chaos gelegt werden).

Toilettenpapier! Ja, tatsächlich noch heute muss man auf so manchem Campingplatz mit der Rolle unterm Arm zur Toilette, weil es dort keines gibt. Auch Seife ist nicht immer vorhanden; einfach im Kosmetikbeutel eine kleine Flasche mit Duschzeug mitnehmen.

Das viel beschworene und für uns unverzichtbare **Packzelt**. Ein einfaches Wurfzelt reicht völlig aus. Es passt dann alles rein, was im Bulli keinen Platz hat oder nicht regelmäßig genutzt wird. Es ist wirklich Gold wert

und schützt die gelagerten Sachen vor Regen. So schnell kann die Parzelle ordentlich aussehen!

Für etwas mehr Komfort könnt ihr euch ein **Vorzelt** anschaffen, das den geschützten Platz vor dem Bulli oder Wohnwagen um wichtigen Raum erweitert. Auch hier können noch Sachen untergestellt werden. Es gibt auch Camper, die im Vorzelt kochen – dann hat man den Essensduft nicht im Schlafraum hängen. Abends schützt es vor Wind und Kälte, wenn die Kinder schlafen und man als Erwachsener noch etwas Zeit zu zweit verbringen möchte. Hier gibt es unzählige Versionen, auch solche, die direkt an den Bulli angebracht werden können oder aufblasbar sind. Viel Spaß beim Recherchieren!

Und zum Schluss: **Gewebeband** und **Sekundenkleber**. Das hilft immer!

TIPPS & TRICKS

Gepäck?!
Check ✓

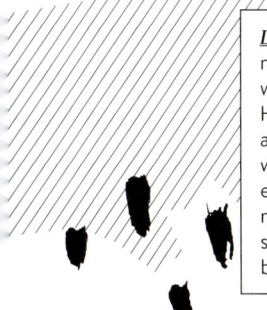

DER FRÜHE VOGEL FÄNGT DEN WURM: Wir konnten unsere erste Bulli-Tour erst einen Tag später als geplant starten, weil wir das Packen des Bullis einfach unterschätzt hatten. Heute sind wir routinierter, damals hätten wir einfach früher anfangen sollen. Deshalb: Beginnt immer zeitig, vor allem, wenn auch noch Kinder mit von der Partie sind. Und macht euch eine Liste, damit ihr nichts vergesst. Schließlich packt man nicht nur einen Koffer, man packt sein zweites Zuhause auf Rädern, und das will gut durchdacht sein. Zumindest beim ersten Mal!

UNTERWEGS ZU HAUSE

Mit Sack und Pack ins Abenteuer

BESTE AUSSICHTEN

Immer mal „Auslauf" auf dem Rast-
platz einplanen. Und sei es das kleine
Stück Rasen in der Ecke. Achtung:
Hundekotgefahr!

Unterwegs zu Hause

Unsere Fahrtstrecken hatten wir immer so geplant, dass wir maximal drei Stunden fahren mussten. Jede Familie mit kleinen Kindern ist bestimmt auch mal die Nacht durchgefahren. Aber am Entspanntesten für alle ist es, nicht zu lange im Auto sitzen zu müssen – vor allem, wenn man alle paar Tage den Ort wechselt.

Wir haben das Glück, dass unsere Kinder relativ entspannte Mitfahrer sind. Wir wissen aber, dass das auch ganz anders sein kann – mutet euch nicht zu viel zu. **Tipp:** Größere Kinder lassen sich auf einer langen Autofahrt natürlich besser ablenken als kleine Kinder oder gar Babys. Wer nach der sechsten Wiederholung zu sehr von der Kindermusik genervt ist (wer eigentlich nicht?), sollte in Kinderkopfhörer mit voreingestellter Lautstärke investieren (ab vier Jahren sinnvoll).

Der VW-Bulli hat glücklicherweise auch im Fahrerraum einiges an Stauraum zu bieten, sodass die „Kindersachen" immer griffbereit sind.

Einige investieren in eine Rückenlehnen-Spielzeugtasche, in der man kleine Bücher, Stifte, MP3-Player, Snacks ... für den Beifahrer auf Armlänge hinter dem Fahrersitz anbringen kann.

Im äußersten Notfall greift sicherlich jeder mal zu Filmchen oder zu für Kinder geeignete Apps – nur in dem Wissen, dass die Fahrt bald vorbei sein wird, denn die Geräte bleiben dann gern auf der Rückbank „verschollen"!

ROSINEN UND MAISFLIPS GEGEN LANGEWEILE

Was kurzzeitig bei mauliger Stimmung hilft, sind Finger-Food-Snacks wie Rosinen oder Maisflips. Notfalls gibt es bei uns auch Gummibärchen oder Weingummischnecken, die man erst abrollen muss. Jede Familie hat sicherlich ihre Tricks; fragt am besten einfach mal im Freundeskreis herum. Wir integrieren bei längeren Fahrten und nöligen Kindern auch mal kurze Pausen an interessanten Hotspots oder zur Einkehr in einer amerikani-

GUTE LAUNE…

… zum bösen Spiel. Los geht's; nur
die Erwachsenen wissen, was allen
in den nächsten Stunden bevorsteht.

schen Fast-Food-Kette, wo die Kinder beim Essen ein Spielzeug bekommen. Der Spielbereich bietet die nötige Bewegung und Auszeit. Für Fast-Food-Muffel: Auch wir sind keine Fans vom Konzept. Diese Stopps helfen aber wirklich immer! Und die Kinder haben ihren Spaß verdient, schließlich müssen sie immer mit den Eltern mit.

KEINEN STRESS, BITTE

Recherchiert am besten vor Antritt der geplanten Strecke, ob es unterwegs nicht vielleicht einen lohnenden Zwischenhalt gibt. Genießt die Zeit bis zur Ankunft, ihr habt keinen Stress. Also: Macht euch keinen. Vielleicht liegt auch ein hübsches Schloss auf der Route, eine Burganlage, vielleicht gibt es gerade heute ein Dorffest oder in der Nähe liegt eine spannende Tropfsteinhöhle? Irgendetwas findet sich immer. Und sei es eine top bewertete Eisdiele nahe der Autobahn.

Bei Stau ist Ruhe gefragt. Ohne Klimaanlage und 40 Grad Celsius im Schatten wird es aufregender. Das haben wir bisher zum Glück nur ein Mal erlebt: Dann heißt es „Wasser Marsch", Fenster auf, volle Pulle lüften und abwarten. Ein nasser Waschlappen wirkt dann Wunder. Schokolade weniger. Mit Klimaanlage seid ihr fein raus: Alles wird sich fügen. Zur Not rollt ihr bei der nächsten Gelegenheit auf den zwar komplett überfüllten Rastplatz, doch können die Kinder herumspringen. Gönnt euch allen ein Eis.

Apropos Rastplätze. Es gibt gute und es gibt üble: ist bekannt. In zahlreichen Apps (auch von großen Betreibern wie Serways oder Tank & Rast), lassen sich per Filter die kinderfreundlichen Plätze anzeigen.

Das mit den Rastplätzen ist ja so eine Sache. Meist ist man schneller vorbeigefahren, als man gucken kann. Und dann heißt es erst einmal: weiter Sitzen und Schwitzen.

ZZZZZZZZZ

Wenn die Kinder hinten schlafen, kann man vorne durchatmen. Bei Bewegungsdrang nach dem Schläfchen einfach kurz Rast machen!

TIPPS & TRICKS

Gut vorbereitet entspannt ans Ziel.
Worauf sollte man achten?

AUGEN ZU UND DURCH! Natürlich nicht beim Autofahren selbst, aber diese Einstellung vor längeren Fahrten tut ganz gut. Die Kinder spüren es, wenn die Eltern nervös und angespannt ist. Sie sind relaxter, weil man es selbst auch ist. Sorgt mit Essen und Spielzeug vor, plant ein paar schöne, kurze Pausen ein und schwupp: schon am Ziel! Unser Highlight bei längeren Fahrten mit Kindern: DIE BOX. Wir packen einfach eine Brotdose für jeden mit Lego- oder Duplosteinen, zwei Figuren, einem Gummiband, einer Rolle Tesafilm und einem langen Band. Und diese Box beschäftigt die Kinder ewig. Versprochen!

Herzlich Willkommen

mit Kind und Kegel

ANKOMMEN AUF DEM PLATZ

Auf dem Campingplatz daheim

AUF WEITER FLUR

Dass man auf einem Campingplatz
weniger als einen direkten Nachbarn
hat, ist selten. Das sollte immer
gefeiert werden!

Ankommen auf dem Platz

Die Ankunft auf einem unbekannten Campingplatz ist immer aufregend: Ist noch ein Stellplatz frei? Wenn ja, wird dieser zugewiesen oder darf man ihn sich selbst aussuchen? Ist der gesamte Platz schön angelegt, ist er sauber, fühlt man sich wohl? Da stehen in den ersten paar Minuten nach der Ankunft so viele individuell wichtige Kriterien auf dem Prüfstand, dass eben diese wenigen Minuten darüber entscheiden, ob man einen Platz annimmt oder ihn wieder verlässt. Letzteres ist bei uns auch schon ein paarmal vorgekommen.

Einen Campingplatz zu befahren, ähnelt der Situation bei einer Wohnungsbesichtigung. Die ersten Sekunden entscheiden im Grunde, ob er etwas für dich ist oder nicht. Der Deal ist perfekt, wenn der Bulli geparkt, die Stühle rausgestellt und die Nachbarn begrüßt wurden. Und dann erst ist man angekommen. Man kann froh sein, wenn es nur ein oder zwei direkte Nachbarn sind. Wild wird es bei vier oder fünf Nachbarn in unmittelbarer Nähe. Dann ist es eng, voll – oder man hat eben genau damit gerechnet, weil der Platz andere Vorteile bietet.

WIE IN EINEM MEHRFAMILIENHAUS

Camping ist eine Welt für sich. Damit alles klappt, gibt es Regeln – meist sind sie ähnlich, manchmal sehr speziell. „Glücklicherweise" gibt es den Typ Platznachbarn, der geflissentlich einweist oder die Neulinge an die Einhaltung von Regeln erinnert. Wie in einem Mehrfamilienhaus: Entweder man hat Glück oder eben Pech. Erfreulicherweise sind Camper meistens entspannte Leute. Leider gilt das weniger für die Dauercamper. Die pochen gerne mal auf die Einhaltung bestimmter Regeln und beobachten meist ganz genau, wie man sich als „Eindringling" so schlägt. Daher stellt man sich besser nicht in die Nähe dieser Spezies. Aber grüßen sollte man sie tunlichst immer, auch wenn sie vielleicht nicht in direkter Nachbarschaft stehen. Kann nur von Vorteil sein!

Die Regeln und der Verhaltenskodex eines jeden Platzes hängen meist auf verschiedenen Tafeln an Eingängen, Sanitäranlagen, Restaurants und/oder Spielplätzen aus. Man wird nicht an ihnen vorbeikommen. Dazu gesellen sich weitere Schilder für Verbote, Tipps und Anleitungen. Man könnte wahrscheinlich Stunden auf einem Campingplatz alleine damit verbringen, Texte auf irgendwelchen Tafeln zu lesen. Natürlich ufert das nicht auf jedem Campingplatz so aus, es ist uns aber von Anfang an aufgefallen. Manches Mal kommen die Regeln subtiler daher, andere Male quasi mit dem Vorschlaghammer. Aber drumherum kommt man nicht.

AUGEN AUF BEI DER STELLPLATZSUCHE

Aber fangen wir noch einmal von vorne an. Wenn die Einfahrt eines Campingplatzes passiert ist, meldet man sich erst einmal an der Rezeption. Dort bekommt man dann einen Platz zugewiesen oder wird dazu aufgefordert, sich selbst einen auszusuchen. Dazu bekommt man im Idealfall eine kurze Einweisung und darf dann mit seinem Gefährt den Platz befahren. Plätze ohne Strom liegen meist schöner und etwas abgelegener, sind zudem günstiger. Wenn der zugewiesene Platz nicht gefällt, darf man ihn ruhig reklamieren; die besten werden meist für Langzeitgäste zurückgehalten. Wenn es noch einen Platz mit Schatten gibt, sollte man diesen wählen. Gerade, wenn man morgens aufwacht, ist es von Vorteil nicht sofort in der prallen Sonne zu stehen. Und stellt euch ruhig in die Nähe von Sanitäranlagen, aber nicht zu nah

HÄUSLICH

Sich häuslich einzurichten ist nur auf Campingplätzen „erlaubt", nicht beim Freistehen. Wir bauen den Kinderstuhl zusammen, andere haben Sofas ...

dran. Dort ist es meistens wuselig, sehr laut und manchmal „duftet" es zu stark. Auch die Wege der anderen Gäste gilt es zu beachten, wie wir in Venedig gelernt hatten (Seite 77). Gilt ebenso für die Nähe von Bars und Restaurants. Mehr **Tipps** zur Stellplatzsuche ab Seite 165.

Dann sollte der Stellplatz möglichst eben sein, damit ihr nicht schief stehen müsst oder sich bei Regen tiefe Pfützen bilden. Mit den Auffahrkeilen könnt ihr zur Not kleinere Unebenheiten ausgleichen, bis euer Gefährt gerade und eben steht. Und da solltet ihr wirklich Geduld beweisen!

Dem direkten Nachbarn besser nicht zu nahe kommen und so parken, dass der eigene Ausstieg zur gleichen Seite zeigt wie der aller anderen, damit man sich nicht „in die Quere" kommt.

Die Kinder freuen sich, wenn sie nach einer langen Fahrt den Spielplatz testen, mit dem Fahrrad oder Laufrad den Platz erkunden und andere Kinder kennenlernen können. Derweil packt man selbst den Bulli aus und richtet sich ein. Dabei kann man bei Bedarf auch schon mal die Nachbarn kennenlernen und ein Schwätzchen halten.

TIPPS & TRICKS

Bitte schön lächeln
Freundlichkeit siegt. Immer

___WIE MAN IN DEN WALD HINEINRUFT ...___ Jeder Campingplatz bedeutet auch neue Nachbarn. Und die können so verschieden sein wie im echten Leben. Entweder, man grüßt sich oder man ignoriert sich. Aber zweiteres führt zu einem unguten Gefühl auf beiden Seiten. Lieber lächelnd auf die Menschen zugehen, das ist auch im Sinne des Campings und kann nur von Vorteil sein.

REISEN GEHT DURCH DEN MAGEN

Vom Essen auf vier Rädern

IT'S SO EASY

Zugegeben: Keine Sterneküche. Aber
Nudeln stehen tatsächlich bei jedem
Camper mal auf dem Tisch – und sind
schnell zubereitet.

Reisen geht durch den Magen

Lecker! Pasta! Mhmmmm, Nudeln! Oh Mama, toll ... das geht drei Tage lang, dann ist abrupt Schluss und niemand mag mehr jeden Mittag Nudeln mit Sauce. Wobei man da ja variieren kann. Bolognese, Pesto Rosso, Gemüse oder all'arrabbiata. Aber nach drei Tagen muss mal etwas anderes her. Und weil das mit einem Zweiflammenherd nicht ganz so einfach ist, muss man erfinderisch sein.

Und damit ihr erst gar nicht in die Pastafalle geratet, teilen wir gerne ein paar Rezepte mit euch. Zunächst aber noch ein paar Hinweise zu den allgemeinen Kochgepflogenheiten während des Campings.

Da man zum Kochen immer Wasser benötigt und wir zumindest keine Spüle mit Frischwassertank im Bulli haben, bedienen wir uns wie viele andere auch an den Frischwasserzapfsäulen, die auf den meisten Plätzen überall vorhanden sind. Und damit man nicht zehn Mal am Tag seinen Vorrat auffüllen muss, eignet sich für das Frischwasser am besten ein sauberer Kanister, der mindestens ein paar Liter fasst und somit nur einmal am Tag oder alle zwei Tage aufgefüllt werden muss. Der tägliche Wasserverbrauch wird uns erst richtig bewusst, wenn dieses nicht wie gewohnt und komfortabel aus dem Wasserhahn tropft, sondern extra geholt werden muss. Man wischt den Tisch mit Wasser ab, man braucht Wasser zum Kaffeekochen, zum schnellen Abwasch, zum Kochen und zum Trinken. Und auch mal zum Zähneputzen und Händewaschen am Bulli, damit man sich den Weg zu den Sanitäranlagen sparen kann.

Wenn man gekocht hat, spült man sein Geschirr am besten in den dafür vorgesehenen Spülstellen am Campingplatz ab. Dazu packt man sein dreckiges Geschirr in eine Spülschüssel, klemmt sich das Spülmittel, einen Schwamm und ein Trockentuch unter den Arm und geht seines Weges. Das kann mitunter sehr nervig sein – vor allem, wenn man das nach dem Frühstück, dem Mittagessen und dem Abendessen machen muss. Aber es lohnt sich. So ist alles sauber und nichts bis zum Abend festgetrocknet – und man läuft nicht Gefahr, dass Ameisen oder Fliegen anrücken. Denn das passiert schnell, wenn es warm ist. Alternativ kann man auch im Bulli oder Wohnwagen spülen, wenn es die Einrichtung zulässt und man genug Frischwasser an Bord hat.

Die Herausforderung beim Campen ist es ohne elektrische Geräte wie Backofen, Kaffeemaschine oder Toaster eine Mahlzeit zuzubereiten. Man sollte in erster Linie darauf achten, das man Rezepte mit Lebensmitteln kochen kann, die auch ohne längere Kühlung gut haltbar sind. Direkt nach dem Einkaufen geht auch mal ein Rezept mit frischem Fleisch oder Fisch. Und wenn man Grillen möchte, sollte man die Zutaten auch möglichst am selben Tag einkaufen.

GUT KOCHEN OHNE SCHNICKSCHNACK

Wir haben vieles auf unseren Touren ausprobiert und geben gerne ein paar Rezepte weiter, die schnell zubereitet sind und uns allen geschmeckt haben. Da wir nur einen Zweiflammenherd haben, sind die Rezepte entsprechend einfach, aber lecker!

Guten Morgen!

PORRIDGE MIT FRÜCHTEN

ZUTATEN
Je 1 Tasse Haferflocken, Wasser und Milch
2 EL Zucker
Früchte und Nusskerne nach Belieben

ZUBEREITUNG
Haferflocken mit Wasser und Milch aufkochen und unter Rühren köcheln lassen, bis alles schön sämig ist. Zucker unterrühren und je nach Geschmack mit Früchten und Nüssen servieren.

BANANEN-PFANNKUCHEN

ZUTATEN
150 g Dinkel- oder Weizenmehl
300 ml Milch
½ Päckchen Backpulver
3–4 reife Bananen (+ Früchte nach Wahl)
2 EL Öl

ZUBEREITUNG
Das Mehl, die Milch, das Backpulver und zwei zerdrückte
Bananen miteinander vermischen. Mit dem Teig in einer
erhitzten Pfanne in wenig Öl die Pfannkuchen ausbacken.
Anschließend mit den restlichen Früchten on top servieren.

PFANNENTOAST

ZUTATEN
Toastscheiben
Käse in Scheiben (Cheddar oder mittelalter Gouda)
Wurst, Paprika, Zwiebeln & Co. je nach Belieben
2 EL Öl
Salz & Pfeffer

ZUBEREITUNG
Ganz einfach: eine Toastscheibe nach Belieben mit Käse und
weiteren Zutaten belegen (nicht zu hoch!), salzen und pfeffern, dann die zweite Toastscheibe drauflegen und in etwas
Öl von beiden Seiten in der Pfanne anbraten.

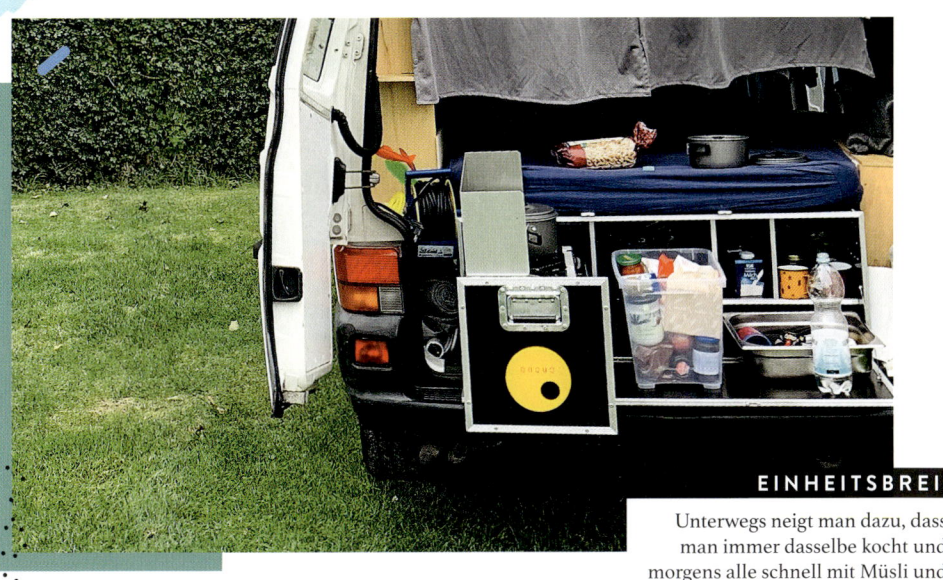

EINHEITSBREI

Unterwegs neigt man dazu, dass
man immer dasselbe kocht und
morgens alle schnell mit Müsli und
Cornflakes „abfrühstückt".

Es ist angerichtet!

SCHNELLES CHILI

ZUTATEN
Reis für 2–3 Personen
1 Zwiebel
500 g Rinderhack
800 g stückige Tomaten (Dose)
400 g Kidneybohnen (Dose), abgetropft
2 EL Öl
Chiligewürz
Salz & Pfeffer

ZUBEREITUNG
In einem Topf den Reis nach Packungsanleitung kochen, 10 Minuten vor Ende der Garzeit die Zwiebel klein schneiden. In einem tiefen Topf oder in der Pfanne Öl erhitzen, Zwiebeln mit dem Rinderhack darin anbraten. Wenn die Zwiebeln glasig sind, alles aus den Dosen inklusive Tomatensaft hinzugeben und ein paar Minuten köcheln lassen. Anschließend mit Salz, Pfeffer und Gewürz abschmecken, fertig.

OMELETT

ZUTATEN
6 Eier
Salz & Pfeffer
1–2 Tomaten
1 Paprikaschote
Kräuter (Petersilie oder Schnittlauch)
1 Handvoll geriebener Käse
2 EL Öl

ZUBEREITUNG
In einer Schüssel die Eier mit Salz und Pfeffer mithilfe einer Gabel oder eines Schneebesens verquirlen. Die Tomaten und die Paprikaschote klein schneiden, unterheben, anschließend mit Kräutern verfeinern.

In einer Pfanne Öl erhitzen. Eiermasse eingießen, mit geriebenem Käse bestreuen und anbraten. Anschließend wenden: Schon ist das Omelett fertig.

DAS AUGE ISST MIT

Besser schmeckt's mit hübsch gedecktem
Tisch – trotz Plastikteller & Co. Ein Strauß
Wiesenblumen wirkt Wunder!

FETA-WASSERMELONEN-SALAT

ZUTATEN
200 g Kirschtomaten
200 g Salatgurke
1 grüne Paprikaschote
250 g Wassermelone
200 g Schafskäse
1 Zwiebel
6 Radieschen
Minze
½ Zitrone
3 EL Olivenöl
Salz & Pfeffer

ZUBEREITUNG
Die Tomaten halbieren, die Gurke, die Paprika, die Melone,
den Schafskäse und die Zwiebel und in kleine Würfel
schneiden. Die Radieschen in dünne Scheiben schneiden,
dann von der Minze die Blättchen abzupfen. Die Zitrone
auspressen, etwa 2 EL des Safts mit allen Salatzutaten und
Öl mischen, salzen, pfeffern und dann alles zusammen
servieren.

Grill it !

STOCKBROT

ZUTATEN
500 g Mehl
2 EL Wasser (lauwarm)
1 Pack Trockenhefe (oder frische Hefe)
1 TL Salz
2 EL Olivenöl
Rosmarin, mediterrane Gewürze

ZUBEREITUNG
In einer Schüssel sämtliche Zutaten gründlich vermischen
und durchkneten, mindestens 30 Minuten gehen lassen.
Die Kinder können derweil lange, dünne Stöcker suchen, um
die man an das Ende jeweils eine dünne Teigwurst wickelt.
Der Stock mit dem Teig wird so lange im Abstand von etwa
20 cm über offene Glut gehalten, bis der Teig gebräunt und
durch ist.

ACHTUNG: Nicht auf jedem Campingplatz ist offenes Feuer
erlaubt, vorher auf jeden Fall erkundigen! Alternativ kann
auch die Glut von einem Grill genutzt werden.

GEFÜLLTE PAPRIKASCHOTEN

ZUTATEN
2 Paprikaschoten
2 Tomaten
1 Bund Frühlingszwiebeln
100 g Schafskäse
Kräuter nach Belieben
Salz & Pfeffer

ZUBEREITUNG
Die Paprikaschoten waschen, halbieren und von Kernen befreien. Die Tomaten, die Frühlingszwiebeln und den Schafskäse in kleine Würfel schneiden, in einer Schüssel mit Kräutern
Gewürzen vermischen, salzen und pfeffern. Mit dieser Masse
die Paprikahälften füllen. Anschließend die Paprikahüllen
möglichst am Rand auf den Grill legen, damit sie nicht ver-
brennen; etwas Geduld muss sein.

GRILL-BANANE

> *ZUTATEN*
> Bananen
> Schokolade
> (egal, ob Schokoriegel, Streusel oder
> eine Tafel Schokolade – alles geht!)
>
> *ZUBEREITUNG*
> Die Bananen mitsamt der Schale der Länge nach einschnei-
> den, dann etwas Schokolade in die Frucht stecken und direkt
> auf den Grill legen. Wenn die Schale schwarz wird, kann man
> das Innere der Bananen auslöffeln. Die Schokolade ist ge-
> schmolzen und die Banane weich.

Das waren nur ein paar Ideen, dabei haben wir bewusst auf die Fleischgerichte verzichtet, denn alles von der Fleischtheke lässt sich recht einfach auf den Grill legen. Lasst es euch nicht nehmen, auch mal Ausgefalleneres aus der lokalen Küche zu probieren (besondere Spieße, mariniertes Schulterfleisch …).

Im Grunde ist es ganz einfach, abwechslungsreich zu kochen – auch ohne Backofen, Mikrowelle und Thermomix. Und das ist auch das Schöne: Das Besinnen auf das Wesentliche ist im Grunde eine Reise in die Vergangenheit. Diese Art der Rückbesinnung entspannt ungemein und fördert dabei die Kreativität.

Man kann sich außerdem wunderbar an dem jeweiligen Land orientieren, in dem man gerade urlaubt. Kann dort die Märkte besuchen, lokal an Straßenständen einkaufen und wahrscheinlich so frisch und natürlich kochen, wie man es zu Hause aus Mangel an Zeit und Möglichkeiten oft nicht schafft. Das ist eine Chance, die man unbedingt wahrnehmen und schätzen sollte – gerade, wenn man mit Kindern verreist. Beim Campen, wenn man eh alle fünfe gerade sein lassen kann, fällt es auch den Erwachsenen leichter, die Kinder ans Essen machen heranzuführen. Da kann Gemüse geschnippelt, Wasser gezapft, Holz für Stockbrot gesucht und abgespült werden. Auch pflücken sie sicherlich gerne einen kleinen Strauß frischer Blumen von der Wiese oder dem Wegesrand nebenan für den schön gedeckten Esstisch. Romantisch, einfach, relaxt: Camping sei Dank!

ALLES AUF EINEN BLICK

Die Quintessenz

DURCHBLICK

Camping, Bulli, Wohnmobil, alles Themen,
zu denen man viel lesen, recherchieren und
sich informieren kann. Irgendwann blickt
man durch – versprochen!

Die Quintessenz

Schön, dass ihr hier „angekommen" seid. Ob ihr gleich neugierig nach hinten geblättert habt oder ob ihr erst mit uns durch Europa gefahren seid – hoffentlich geht es dann bei euch auch bald los!

Eine der wichtigsten Erkenntnisse für Neulinge im Camping ist wohl die, dass man sich immer Inspirationen holen sollte. Und dafür sind glücklicherweise gerade goldene Zeiten mit Pinterest & Co. Es gibt so viele tolle „Hacks", Ausbauideen, Lösungsvorschläge … Hier kommen noch mal die wichtigsten Tipps, die wir damals gern auf einem Haufen gehabt hätten, bevor wir mit der ganzen Recherche begonnen hatten. Nur das Losfahren nicht vergessen!

ROUTENPLANUNG

NAVIGATION ist nicht nur was für Seefahrer im Mittelalter. Wir sind am besten mit den konservativen Anbietern (Google und Google Maps) gefahren; da sollte sich jeder ein Produkt aussuchen, das ihm oder ihr am meisten liegt. Achtung, die Fahrtzeiten sind für „normale" Geschwindigkeiten ausgelegt!

COOL CAMPING ist eine Buchreihe, die im Verlag Haffmans & Tolkemitt erschienen ist. „Camping ist nicht mehr spießig". Alle Tipps, Campingplätze und Routen in diesen Führern sind tatsächlich cool und innovativ. Für jeden ist etwas dabei. Unsere Lieblingsbücher zum Thema Camping!

REISEGEDANKEN VORAB

CAMPINGPLATZSUCHE

WER SUCHET, DER FINDET! Lasst euch nicht von dem großen Angebot im Netz und der riesigen Bücherauswahl abschrecken. Auch wenn oben im Kapitel dazu aufgerufen wird, sich die schönsten Plätze entlang seiner Route vorab auszusuchen, kann man auch einfach losfahren und es darauf ankommen lassen. Irgendwo gibt es immer einen Campingplatz und das Handy ist immer mit dabei, ein Platz am Ort der Wahl also schnell ausfindig gemacht. Aber die in Frage kommenden Plätze vorab wenigstens grob ausgesucht und festgelegt zu haben, erspart einem viel Stress und Sucherei während der Fahrt, auf der man vielleicht anderes zu tun und zu organisieren hat – vor allem wenn man mit Kindern verreist. Wenn man dann einfach nur die Adresse des ausgesuchten Platzes im Navi eingeben muss ist das Gold wert. Und pures Glück dann, wenn man am Platz ankommt und einen Stellplatz bekommt. Denn dann kann man die Kinder Kinder sein lassen und Fünfe gerade.

PACKZELT & FAHRRÄDER

EIN PACKZELT ist unsere persönliche Empfehlung für alle, die mit Kind reisen und campen. Wir haben uns die Idee mal auf einem Campingplatz von anderen abgeschaut und haben es die ganze Tour lang gefeiert: Unser günstiges PopUp-Zelt für allerhand Krempel. Kurz nach Ankunft aufgebaut und direkt mit allem aus dem Bulli gefüllt, was nicht sofort gebraucht wurde wie Buggy, Babytrage, Klamotten, Schuhe, Laufrad etc. Somit sind die Sachen auch vor Regen geschützt, liegen nicht schutzlos herum oder belegen den nötigen Freiraum im Bulli.

FAHRRÄDER – und wenn es nur ein Brötchenfahrrad ist. Wenn ihr einen Fahrradträger für euren Bulli habt: nehmt alles mit was geht. Wie beschrieben ist mindestens ein Rad am Ort Gold wert. Manchmal kann man sich auch welche leihen, aber eben nicht überall – und nur selten mit Kindersitz.

PACKEN

DER FRÜHE VOGEL FÄNGT DEN WURM. Wir mussten unsere erste Bulli-Tour einen Tag später als geplant starten, weil wir das Packen des Bullis einfach unterschätzt hatten. Es war unser erster alleine zu packender Bulli und dementsprechend unerfahren waren wir. Heute sind wir routinierter, damals hätten wir einfach früher anfangen sollen. Deshalb beginnt immer pünktlich mit den Planungen und der Packerei, vor allem wenn auch noch Kinder mit von der Partie sind. Und macht euch eine Liste, damit ihr nichts vergesst. Schließlich packt man nicht nur einen Koffer, man packt sein zweites Zuhause auf Rädern und das will gut durchdacht sein. Zumindest beim ersten Mal!

TRAGE, BUGGY & CO

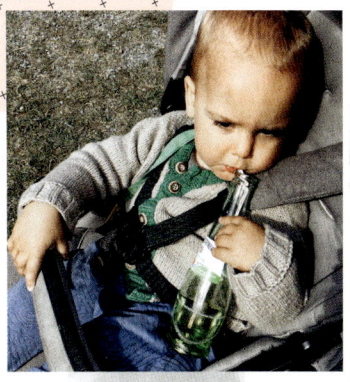

IHR KINDERLEIN SITZET. Dass kleine Kinder nicht unbedingt immer die Wege zurücklegen wollen oder können, die wir selbst schaffen, ist klar. Die Frage ist nur, wie man sich für alle Eventualitäten rüstet. In unserem Fall haben wir auf der Tour alles genutzt. Den Buggy für flache Gefilde, für den Strand eher die Trage und für Venedig hätten wir mal besser den Buggy gegen die Kraxe getauscht. Man lernt aus seinen Fehlern. Zum Beispiel hat Tito seinen Mittagsschlaf zu 90% im Buggy gemacht. Eben deswegen, weil wir oft unterwegs waren oder es aber im Bulli zu warm zum Schlafen war.

KOTZTÜTE & VORZELT

IRGENDWAS IST IMMER! Ob (unverhoffte) Straßensperre, Brechalarm oder es ist einfach alles nassgeregnet: All das kann passieren. Weiß man vorher, verdrängt man aber. Und es passiert doch immer irgend etwas. Ich würde beispielsweise nie wieder ohne Kotztüten den Bulli besteigen. Eine Rolle Mülltüten fristet seitdem ihr Dasein im Handschuhfach. Und es kann immer mal regnen. Daher immer Regensachen dabei haben und **EIN VORZELT!** Wir haben vorher lange überlegt und uns dann ein günstiges gekauft. Heute würden wir ein Vielfaches dafür ausgeben. So sehr haben wir es zu schätzen gelernt. Generell kann es prima vor Regen schützen, vor neugierigen Blicken und vor Wind und Kälte, wenn es doch mal frisch werden sollte. Eigentlich schützt es immer, sieht nur nicht so gut aus. Aber das ist egal! Man sollte darauf achten, dass es gut am Bulli zu befestigen ist und auch mal einem richtigen Regenschauer standhält! Es gibt Vorzelte mit Boden oder ohne, das muss man selbst entscheiden. Und bei den Preisen sind keine Grenzen nach oben gesetzt. Mittlerweile gibt es sogar aufblasbare Exemplare!

UNTERWEGS

AUGEN ZU UND DURCH! Natürlich nicht beim Autofahren selbst, aber die Einstellung vor längeren Fahrten tut ganz gut. Die Kinder spüren wenn man nervös und angespannt ist, und sind entsprechend relaxter, wenn man es selbst auch ist. Packt viele kleinteilige Snacks und Spielzeug ein, plant ein paar schöne, kurze Pausen und schwupp, ist man am Ziel angekommen. Unser Highlight bei längeren Fahrten mit Kindern: DIE BOX. Wir packen einfach eine Brotdose für jeden mit Legosteinen, zwei Figuren, einem Gummiband, einer Rolle Tesafilm und einem langen Band. Und diese Box beschäftigt die Kinder ewig. Versprochen!

LANGEWEILE

LANGEWEILE GIBT ES NICHT. Längere Fahrten auf der Autobahn können langweilig sein. Vor allem für Kinder. Wenn Kindermusik, Zeitschriften und Bücher und alles Spielzeug der Welt nicht mehr helfen, müssen halt auch mal die klassischen Spiele wie „Ich-sehe-was-was-du-nicht-siehst" oder „Bullizählen" herhalten. So kann man mit viel Spaß noch einmal 20 Minuten überbrücken – bevor dann doch irgendwann das Tablet oder Handy eingeschaltet werden muss.

STELLPLATZWAHL

SOMMER, SONNE, SONNENSCHEIN. Auf der anfänglichen Tour haben wir uns bis Kroatien keine Gedanken darüber gemacht, wo im Hinblick auf die Sonne der bessere Stellplatz sein könnte. In Fažana waren wir dann einfach nur froh, dass wir den Platz im Wald unter Bäumen gewählt hatten. Tagsüber kletterten die Temperaturen auf über 30 Grad und da wäre ein Platz direkt am Meer und ohne den Schatten eines Baumes einfach nicht vorteilhaft gewesen. Deshalb besser Augen auf bei der Stellpatzwahl. Wenn der Bulli tagsüber einfach so stark aufheizt, das man es im Innern auch abends nur schwer aushält, ist das keine gute Sache – auch zum Wohle der Kinder.

STROM

KEIN STROM – KEIN SPASS? Als wir unseren Bulli ausgebaut und aus Platzgründen bewusst auf eine fest installierte Küchenzeile verzichtet haben, kam mehrmals die Frage auf, ob wir nicht doch Solarpanels verbauen und uns eine Leitung bzw. Steckdose legen sollen. Wie sollten wir ohne Strom Handys und mobile Musikbox aufladen? Wie Wasserkocher und Kühlbox nutzen? Am Ende haben wir uns dagegen entschieden und es fast nie bereut. Natürlich gibt es die Abende, wo man sich ein ordentlich gekühltes Bier wünscht oder aber morgens zum Frühstück Käse und Wurst. Aber es geht auch ohne. Heißes Wasser bekommt man meist immer an den Spülbecken, eine Powerbank versorgt zur Not Handy und Kamera. Und während der Fahrt kann man prima den Zigarettenanzünder des Bullis nutzen. Und für den Fall der Fälle, dass man sich auf einem Platz doch mal Strom gönnt (diejenigen ohne sind meistens die schöneren!), reicht eine Kabeltrommel, an die man alles anschließen kann. Zum Kochen haben wir natürlich immer Gas in Form von Kartuschen dabei, die man an unseren mobilen, zweiflammigen Gasherd anschließen kann. Das war uns bisher immer Luxus genug. Aber das muss jeder für sich entscheiden.

MÜCKEN & GETIER

DIE MÜCKE IST LOS. Viele südliche Länder sind für ihre Mückenplagen bekannt. Und wenn man noch am Wasser campt, ist es umso schlimmer. Viele Campingplätze sprühen mittlerweile gegen Mücken, aber ob das besser ist? Die Chemiekeule auf dem Frühstückstisch? Wie dem auch sei. Besser vorbereitet in die Plage als gar nichts zur Hand haben. Oft helfen die gängigen Mittelchen aus Deutschland nicht mehr, dann muss das harte Zeug aus den jeweiligen Ländern ran. Bis dahin kann man aber immer noch mit Mückenspiralen und Kerzen kämpfen. Die gibt es meist in jedem gut sortierten Campingplatzladen. Viel Glück!

AUF DEM PLATZ

WIE MAN IN DEN WALD HINEINRUFT... Jeder Campingplatz bedeutet auch neue Nachbarn. Und die können so verschieden sein wie im echten Leben. Entweder man grüßt sich oder man ignoriert sich. Aber zweiteres führt zu einem unguten Gefühl auf beiden Seiten. Lieber lächelnd auf die Menschen zugehen, das ist auch im Sinne des Campings und kann nur von Vorteil sein.

AMEISEN

DAS GROSSE KRABBELN. In Slowenien hatten wir tatsächlich das Pech auf einem Ameisenhaufen gestrandet zu sein. Unwissentlich haben sich die kleinen Tierchen so über unser Essen, die Möbel und vor allem den Bulli hergemacht. Das war nicht so witzig. Bei allen Touren packen wir jetzt zur Not immer eine Dose Ameisenköder ein. Man weiß ja nie. Und von Freunden wissen wir, dass das nicht selten vorkommt, zumal man ja oft nicht perfekt verpackte Lebensmittel mit sich rumfährt. Mal abgesehen von den Essensresten, die man auch mal länger unbeaufsichtigt am Platz liegen lässt.

WETTER

GUT VORBEREITET IST HALB GESONNT. Spätestens beim dritten Stopp haben wir gelernt, dass man sich besser auf den nächsten Tag vorbereiten sollte – und auch auf das nächste Ziel. Und zwar indem man das Wetter checkt. Dazu haben wir es uns abends zum Ritual gemacht über mehrere Wetter-Apps die jeweilige Wetterprognosen für den nächsten Tag abzurufen. So haben wir – besser spät als nie – einige Vorkehrungen treffen und auch das ein oder andere Vorhaben noch rechtzeitig umplanen können.

ZUHAUSE ANKOMMEN

BALLAST ABWERFEN! Wenn es auf das Ende der Reise zugeht, sollte man möglichst schauen, dass man alle angebrochenen Lebensmittel verkocht und schon einmal eine Ladung Wäsche wäscht, wenn es die Möglichkeit gibt. Es gibt nichts Schlimmeres als nach einer langen Reise mit gefühlt 100 angebrochenen Nudel- und Müslipackungen, Keksen, Bier- und Weinflaschen und einer halb geschmolzenen Butter wieder zu Hause anzukommen. Dazu am besten 10 Kilo Wäsche, ein dreckiges Vorzelt und Müll. Dann fällt das Ankommen noch schwerer als es eh schon ist.

BULLI-MODELL

ALTER VOR SCHÖNHEIT? Am Anfang unserer Suche haben wir auch vom nostalgischen VW T2 geträumt. Orange sollte er sein, mit weißem Dach. Der Traum war schnell ausgeträumt. Die Frage, die man sich bei einem Kauf immer stellen sollte: wozu brauche ich den Bulli, wie viele Personen soll er transportieren und wie vielen einen Schlafplatz bieten können? Möchte ich im Bulli kochen? Soll der Bulli Berge bezwingen können, ohne im Windschatten eines LKWs fahren zu müssen? Habe ich das nötige Kleingeld für eventuell anfallende Reparaturen? Habe ich eine trockene Garage oder steht der Bulli draußen? Wenn ja, auch im Winter? Soll der Bulli nur fürs Reisen gedacht sein oder soll er auch im Alltag funktionieren? Wie hoch ist mein Budget?

BULLI KAUFEN

DIE RUHE BEWAHREN! Bullis gibt es wie Sand am Meer – bei grenzenlosem Budget. Tausende Anzeigen im Netz, ein angebotener Bulli ist schöner als der andere. Und trotzdem sind es meist die unscheinbaren Anzeigen und Autos, die es am Ende wert sind. Also besser nichts überstürzen, sich nicht blenden lassen. Lieber genau abwägen und besser zweimal hinschauen. Wirkt der Verkäufer seriös? Beantwortet er ohne zu zögern alle Fragen? Lässt er Besichtigungen und Probefahrten zu? Und wenn man keine Ahnung von Autos hat, sollte man sich besser einen Profi zur Hilfe nehmen. Das kann ein Freund sein – oder auch die Autowerkstatt in der Nähe des Verkäufers, der den Bulli mal eben inspiziert. Viel Glück!

BULLI AUSBAUEN

BITTE GENAU MESSEN! Wir haben während des Ausbauens einige Male quasi das Geld zum Fenster hinausgeworfen. Haben nicht exakt gemessen, „auf gut Glück" Holz gekauft, was nachher zu dünn war (für das Kinderbett im Hochdach), haben Beratung vermieden und wollten alles selbst machen. Daher der Rat: immer auch mal den Holz-Experten im Baumarkt oder beim Holzlager fragen was er empfehlen würde. Blogs durchforsten und auch dort um Rat fragen. Es gibt so viele ausgebaute Bullis, die Leute teilen gerne ihre Erfahrungen und auch die Maße ihrer Einbauschränke, die Marken ihrer Elektrogeräte und zur Not die Zusammensetzung ihrer Matratzen. Fragen, fragen, fragen und Geld sparen. Es gibt auch fertige Bausätze im Netz oder gebrauchte Innenausbauten auf den einschlägigen Auktionsseiten.

Adressen & Links
mit Kind und Kegel

KEY FACTS ZUM SCHLUSS

Von nichts kommt nichts

Adressen & Links

CAMPINGPLÄTZE UNSERES VERTRAUENS

Neben den Campingplätzen, die wir in unserer Tour-Beschreibung schon positiv erwähnt haben, empfehlen wir euch auch gerne noch weitere Plätze innerhalb Europas, die wir im Laufe der Zeit kennen- und teils auch lieben gelernt haben. Viel Spaß damit und lasst gerne einen Gruß von uns dort, wenn es sich ergibt. Darüber würden wir uns sehr freuen!

DEUTSCHLAND

Enzklösterle, Schwarzwald (Baden-Württemberg)

> Der Campingplatz *MÜLLERWIESE* ist ideal für Familien, liegt idyllisch und ruhig an einem Fluss, der „Großen Enz" und bietet alles, was man als Familie benötigt. Sogar einen weitläufigen Spielplatz sowie Bäcker, Metzger und einen Tante-Emma-Laden in fußläufiger Entfernung: **www.muellerwiese.de**

Oberteuringen, Bodensee (Baden-Württemberg)

> Der Campingplatz auf dem *FERIENHOF KRAMER* ist ideal für Familien, liegt idyllisch auf einem riesigen Gelände hinter einem schönen Gehöft in Oberteurigen am Bodensee. Viel Platz, Schwimmteich, Tiere, Spielplätze und Bauernhofleben – hier gibt es viel zu entdecken: **www.camping-am-bauernhof.de**